# O Cristão Sofredor

*Minha Busca pelo Conforto de Deus*
*Durante as Provações e Aflições*

por
Mike Vaughn

O Cristão Sofredor
Minha Busca pelo Conforto de Deus Durante as Provações e
Aflições
O copirraite © Mike Vaughn

Paperback ISBN: 978-1-7366592-2-9

E-book ISBN: 978-1-7366592-8-1

Primeira edição impressa: Abril de 2021

Capa de livro desenhada por:
BookCoverZone

Traduzido por:
Vinicius Nascimento Souza

Edição Original por:
Sotiria, LLC
2222 W Grand River Ave STE A
Okemos, MI  48864 (USA)

Todas as citações bíblicas são da Nova Versão Internacional
(NVI), Sociedade Bíblica Internacional, 2001. Todos os
Direitos Reservados Mundialmente.

# Sumário

# Prefácio

Esta pequena obra começou como um diário pessoal enquanto eu meditava em minha aflição e buscava o conforto de Deus. Depois de muita luta e fervorosa oração eu resolvi compartilhar meus pensamentos e sentimentos mais íntimos para que outros possam ser encorajados em seu sofrimento. Minha intenção principal é que minhas próprias batalhas também fortaleçam sua fé.

Durante meu longo sofrimento descobri que muitas pessoas de Deus são incapazes de simpatizar com aqueles que sofrem. Como os amigos de Jó, eles simplesmente não entendem. Embora eles tentem retificar nosso sofrimento com palavras ou ideias, muitas vezes eles só aumentam a dor. Eu descobri que é necessário experimentar o sofrimento e a perda para ser capaz de encorajar outros. E, felizmente, Cristo é capaz de nos confortar porque Ele também sofreu da mesma forma.

Recém-chegados ao sofrimento não compreendem o turbilhão interior que resulta da perseguição. E mesmo que eu não tenha sofrido a mesma provação que você, eu creio que as lutas interiores, dúvidas e medos são semelhantes.

Peço perdão adiantado por qualquer erro doutrinário que possa aparecer dentro destas páginas. Eu tentei ser brutalmente honesto acerca de meus próprios erros e falsas crenças para que pudessem ser expostos e provados falsos. Como lutei com Deus, meu orgulho e pecaminosidade se tornaram óbvios, e eu finalmente tive que me render à soberana mão e perfeita sabedoria de Deus. Estes curtos pensamentos são uma obra proveniente de minha própria ignorância, falibilidade e perversidade.

Também peço seu perdão se alguma afirmação parece propositalmente direta. Como questionei muitas ideias, a verdade de Deus condenou os enganos do meu próprio coração. Portanto, saiba que o que parece ser uma acusação direta foi primeiro uma admoestação para mim mesmo.

Portanto, quando eu uso "nós" ou "você", originalmente me referia a "mim". E quando revelo o que "eu" pessoalmente pensava ou sentia é para que você possa se identificar e consequentemente sentir segurança de que esses pensamentos ou sentimentos não são peculiares.

Era crítico que esta obra fosse publicada antes que eu soubesse a decisão de Deus e o resultado de minha provação. Todo este conteúdo foi escrito no meio da tempestade. Eu não quis esperar que estas aflições específicas tivessem acabado, pois é fácil falar sobre esperança depois de termos atravessado o Mar Vermelho. É algo bem diferente confiar em Deus quando os egípcios estão avançando para destruir nossas vidas.

Cada capítulo lida com uma ideia, questão ou luta específica, e foi escrita para funcionar como uma unidade. Eu tentei arranjar cada artigo em uma ordem lógica. Esta ordem, contudo, pode não ser o melhor para você, portanto sinta-se à vontade para pular para qualquer tópico que melhor se relaciona às suas necessidades no momento.

As respostas à todas as suas perguntas podem não ser providas dentro desta pequena contribuição. Louve a Deus pelas que são providas e que aquelas que não são confirmem que só existe uma resposta para todas as nossas esperanças, dúvidas e medos, que é o nosso Senhor e Salvador, Jesus Cristo.

Que Deus, nosso Pai, te abençoe e favoreça. Que Ele derrame graça e conforto imensurável sobre você. Que o Seu Filho amado cure suas feridas e lhe dê paz, e que o Espírito Santo encha sua alma e o guie em toda a verdade.

# Temporada de Tristeza

*"Para tudo há uma ocasião certa; "Há um tempo certo para cada propósito debaixo do céu: tempo de chorar e tempo de rir, tempo de prantear e tempo de dançar. "*

**Eclesiastes 3:1,4**

Grande perda leva naturalmente à grande tristeza e nós nunca deveríamos desmerecer nossas emoções ou pensar que há alguma coisa errada conosco por nos sentirmos deprimidos, tristes ou até mesmo irados.

Todos nós temos experimentado perdas consideráveis e dificuldades dolorosas. Alguns de nós não têm comida ou um lar. Alguns perderam o emprego e posses preciosas. Alguns suportam doenças dolorosas ou assistem outros em sua aflição sem poder fazer nada. Alguns sofrem calúnia e o ataque perverso de inimigos. E alguns até mesmo perderam entes queridos. Tal mal é comum nesta vida e nossa tristeza a respeito dessas coisas é esperada.

O próprio Jesus ficou profundamente entristecido ao encontrar seu querido amigo, Lázaro, morto. Mesmo sabendo que Lázaro seria ressuscitado, a perda, ainda assim, o afligiu. Também podemos saber que na ressurreição nós estaremos novamente com nossos amados, mas sua partida ainda dói.

Quando Jesus testemunhou a tristeza de outros, Ele também "agitou-se no espírito e perturbou-se" (Jo 11.33). Sua tristeza foi tão óbvia para os espectadores que eles disseram: "Vejam como ele o amava!" (Jo 11:36). Mesmo assim "Jesus, outra

8

vez profundamente comovido, foi até o sepulcro" (Jo 11:38). A dor que Jesus sentiu o levou a uma imensa ira e sua ira contra a morte foi justificada, pois a separação nunca foi a intensão de Deus para seu povo.

Deus "pôs no coração do homem o anseio pela eternidade" (Ec 3:11). Cada pessoa, cristã ou não, anseia pela vida após a morte, e perder aqueles a quem amamos é sempre doloroso. A dor e a ira de perder um ente querido não é somente justificável, mas, como podemos ver em Cristo, encontra sua origem no próprio Deus.

A vida terrena é dividia em estações. Há tempo para estar feliz e tempo para estar triste. Nenhuma emoção é melhor do que a outra, pois ambas expressam a realidade de nossa condição. Não há nada de errado em estar magoado ou deprimido quando sofremos uma grande perda, abuso ou injustiça. Não há, nem mesmo, nada de impiedoso em ficar irado por causa disso.

Embora venha um tempo quando devemos superar nossa perda e aceitar nossa condição, agora não é esse tempo. Deus, conhecendo nossa estrutura, considerou e ordenou um tempo de luto (cf. Dt 21:13, 34:8). É saudável prantear para que possamos seguir em frente. Não deveríamos evitar o luto, nem devemos prolongar nosso luto além de seu tempo devido. Não é sábio evitar o lidar com a nossa dor ou permitir que a dor defina o restante de nossas vidas.

Agora, nosso amigo Lázaro está morto. Agora, nosso filho sofre possessão demoníaca. Agora, não podemos alcançar o tanque de Betesda para sermos curados. Agora, nós não temos mais vinho. Agora, não temos comida. Agora, trabalhamos a noite inteira e não pegamos nenhum peixe. Agora, temos um fluxo de sangue que nenhum médico pode curar. Agora, nossa filha está morta e nosso amado servo está doente. Agora, não podemos pagar o imposto do templo. Agora, nós estamos cobertos de lepra. Agora, nós estamos cegos, coxos, mudos e surdos.

Jesus nunca puniu as pessoas por estarem de luto ou menosprezou suas dores. Este mundo é cheio de injustiça e crueldade, e enquanto a Satanás for permitido percorrer a terra e o coração dos homens estiver cheio de maldade, sofreremos dificuldades, perdas e injúrias.

Jesus declarou: "O Espírito do Soberano, o SENHOR, está sobre mim, porque o SENHOR ungiu-me para levar boas notícias aos pobres. Enviou-me para cuidar dos que estão com o coração quebrantado, anunciar liberdade aos cativos e libertação das trevas aos prisioneiros" (Is 61:1). Cristo veio "para destruir as obras do Diabo" (1Jo 3:8). "ainda não vemos que todas as coisas lhe estejam sujeitas" (Hb 2:8). Até que Cristo retorne sofreremos pobreza, desgosto, opressão e perda. E consequentemente ficaremos tristes.

O luto é um processo, e assim como os israelitas tiveram que passar pelo deserto, nós também devemos perseverar até que alcancemos a terra prometida. Nunca repreenda a si mesmo ou permita que outros minimizem seu processo de luto.

Muitos não toleram ver os outros sofrerem porque isso demonstra sua própria impotência. Eles preferem que finjamos felicidade para que eles possam ignorar a realidade, mas ignorar uma ferida sangrenta é tolice e irresponsável. Ao invés disso, "alegrem-se com os que se alegram; chorem com os que choram" (Rm 12:15).

Tente cuidar de si mesmo durante esta temporada de tristeza. Descanse adequadamente. Consuma comidas e bebidas saudáveis. Cuidado com suas companhias. Compare os conselhos dos outros com os da Palavra de Deus. E esteja atento ao que você permite a si mesmo ver e ouvir.

Pranteie junto com Deus em oração. Fortaleça-se através da Palavra de Deus, e identifique um irmão maduro ou irmã para ouvir e ajudá-lo a carregar seu fardo. Confie sua vida e cada estação ao cuidado de Deus, pois Ele usará suas tristezas para aumentar sua felicidade posterior. Pois "o choro pode persistir uma noite, mas de manhã irrompe a alegria" (Sl 30.5).

# Nunca Duvide do Amor de Deus

*"De fato, no devido tempo, quando ainda éramos fracos, Cristo morreu pelos ímpios."*

**Romanos 5:6**

Quando as provações aparecem, quando estamos aflitos, quando outros nos perseguem, quando a morte leva nosso ente querido, nosso próprio coração geralmente nos condenará. Mesmo que nossa consciência não nos acuse, o próprio Satanás lançará dardos em nossa alma para que questionemos nosso relacionamento com Deus e nossa posição em Cristo. Se dermos ouvidos às suas sugestões começaremos a duvidar do amor de Deus por nós.

É fato que muitos em nossa natureza caída são predispostos a depressão e dúvida, e durante a aflição nossa mente obscurecida nos atormentará com autoaversão. Podemos arrazoar que o que nos acontece é, de certa forma, nossa própria culpa, que é a justa retribuição de Deus por nossas muitas falhas e pecados. Infelizmente é natural culpar a nós mesmos em certo grau por algo que nos aflige, e podemos sentir que merecemos essa dor e sofrimento.

Muitas coisas más recaem sobre nós sem aviso e ignoramos como esses eventos aconteceram, estamos cegos, confusos, chocados e pegos com a guarda baixa. Nós não compreendemos por que essas coisas estão acontecendo e já que não podemos fazer sentido imediato de nossas circunstâncias culpamos as pessoas mais perto, Deus ou nós mesmos.

Não é pecado buscar respostas ou questionar por que as coisas devem ser como elas são, aceitar certa culpa por nossa condição, ou perguntar a Deus a razão e implorar a ele para que retire nosso sofrimento. Só se torna pecaminoso quando determinamos que Deus é injusto em seu lidar conosco, pois, ao fazê-lo, declaramos que somos como Deus, e tornamos o criador sujeito a nosso próprio padrão de certo e errado.

Não se preocupe se você está questionando. Continue a buscar as respostas. Continue a suplicar ao Pai para que ilumine seu coração para que pela graça você possa ser capaz de compreender sua intenção para sua aflição.

Mas nunca, nunca questione o amor de Deus por você. Nunca se esqueça de que quando você estava completamente impotente para salvar a si mesmo, quando você estava perdido e só, quando você estava voluntariamente rebelde contra Sua Lei, quando você justificava a si mesmo e recusava a cruz, quando você vivia para seu próprio prazer, quando você levantou seu punho em desafio, quando você estava destinado a condenação, Jesus Cristo morreu por você. "De fato, no devido tempo, quando ainda éramos fracos, Cristo morreu pelos ímpios" (Rm 5.6).

O que significa ser ímpio? Muito simples. Significa que éramos exatamente o oposto do que Deus é. Nós éramos impacientes para suprir nossa luxúria. Éramos consumidos para encontrar nossa próxima dose. Éramos cruéis com os outros e pisávamos sobre eles para nossa própria vantagem. Nós abusávamos, ofendíamos e amaldiçoávamos os outros em nossos corações e com nossos lábios. Nós invejávamos aqueles que tinham mais riqueza e estima. Nós prontamente acusávamos que seu sucesso foi conquistado de forma ilegal.

Ainda assim éramos maus da mesma forma com aqueles de prosperidade inferior, acusando-os de tentarem nos roubar daquilo que era legitimamente nosso. Nós éramos vingativos e rancorosos, antipáticos e indiferentes. Fazíamos questão de que todos soubessem o que os outros tinham feito de errado enquanto glorificávamos a nós mesmos. Nós mentíamos, enganávamos, roubávamos e matávamos qualquer um que se metia em nosso caminho.

Todos os outros mereciam nada enquanto nós merecíamos tudo. Nós éramos cheios de desprezo e ódio. Ignorávamos os desabrigados, as crianças famintas do outro lado do mar. Apoiávamos o assassinato de nativos, de africanos, de judeus, de muçulmanos e até mesmo dos não-nascidos. Éramos bêbados, batíamos em nossas esposas, éramos molestadores de criança, viciados em drogas, prostitutas, ladrões, fofoqueiros, caluniadores, adúlteros e homossexuais.

Nós estávamos acima do peso, mas sempre com fome. Nós estávamos vazios, mas fingíamos estar cheios. Éramos sábios, mas na verdade éramos tolos. Nós pregávamos o amor, mas éramos cheios de ódio.

Isso é o que éramos sem Cristo. É por isso que Ele nos chama de "ímpios". É por isso que a morte de Cristo e o sacrifício do Pai são tão surpreendentes. Nós éramos tão fracos, tão desesperançados, tão cruéis e ainda assim "Cristo morreu pelos ímpios."

Deixe isso penetrar na sua mente. Cristo Jesus, o Filho de Deus, sabia o quão miseráveis, patéticos e cruéis você e eu seríamos, e ainda assim, mesmo sabendo tudo isso, Ele ainda escolheu morrer "pelos ímpios."

Enquanto eles batiam e zombavam dEle, enquanto eles cuspiam em seu rosto, enquanto eles cravavam os pregos em Suas mãos e pés, enquanto eles o abandonavam para deixá-lo morrer sozinho, Ele, Cristo Jesus, "morreu pelos ímpios."

Jesus fez tudo isso para que Ele pudesse resgatar você do poder do maligno e reconciliar você com o Pai. Que incompreensível amor é esse!

Portanto, se Deus através de Jesus Cristo te amou quando você era um pecador ímpio, baseado em que você duvida de Seu amor? Estando agora reconciliado com ele, sendo agora Seu filho ou filha, sendo agora para sempre amado no Amado, como você pode duvidar de Seu amor mesmo nas mais terríveis provações?

Você realmente acredita que porque coisas ruins estão acontecendo que Ele de alguma forma te deixou de lado depois de tudo o que Ele fez? O que mais Deus deve fazer para demonstrar Seu amor por você? Será que Jesus deve retornar para ser crucificado outra vez? Que absurdo é questionar o amor de Deus.

Deus te amou quando você era ímpio e Ele te ama mesmo agora. Quaisquer dúvidas que surjam durante sua aflição, nunca duvide de Seu amor. Tome cativo e lance fora todo pensamento que diz que Deus não te ama. É uma mentira do pai das mentiras. Deus te ama e Ele sempre amará. Nunca, nunca duvide do amor de Deus.

# Abra a Porta

*"Eis que estou à porta e bato. Se alguém ouvir a minha voz e abrir a porta, entrarei e cearei com ele, e ele comigo."*

**Apocalipse 3:20**

Por muitos anos eu ouvi a batida de Jesus no meu coração. Eu o ouvi chamando meu nome, mas recusei abrir a porta. Eu estava envergonhado para deixar Cristo bisbilhotar minha casa imunda. Eu não estava preparado para encontrar este Santo Deus e não tinha nada para oferecer à Sua Majestade.

Então, eu ignorei Seu chamado. Eu tentei colocar tudo em ordem antes de deixá-lo entrar. Eu trabalhei com toda minha força para limpar minha casa e livrá-la do pecado. Eu queria que Ele encontrasse um lar organizado, sem manchas e apresentável. Todo dia eu desinfetava minha casa novamente. Todo dia eu trabalhava para acertar as coisas. Eu queria estar pronto antes de abrir a porta para que Ele se agradasse com o que visse.

Por décadas eu tentei me preparar para a chegada do maravilhoso, poderoso e santo Deus, mas meus esforços sempre foram inúteis. Eu nunca era bom o bastante. Minhas obras nunca eram adequadas. Meu coração ainda estava imundo. Apesar de todo meu esforço, meu lar se tornou cada vez mais repulsivo. Os pisos estavam imundos. As paredes tinham buracos e eu estava completamente exausto.

Muitos de nós têm tentado lutar incansavelmente para estar apresentável para a visitação de Cristo. Mas já que nada parecia funcionar, nós aceitamos nosso estado miserável e toleramos nossa bagunça. Nós poderíamos, simplesmente, ter aberto a porta anos atrás, mas ao invés disso nos escondemos dEle.

De novo, ouvimos Jesus batendo, chamando nosso nome. Nós demos o nosso melhor. Nós batalhamos por tanto tempo, mas finalmente desistimos. Nós estamos no limite de nossa capacidade e nos rendemos para abrir a porta e deixá-lo ver nosso patético lar.

Finalmente, abrimos a porta... envergonhados, quebrados, exaustos, desesperançados e cobertos de sujeira. Ainda assim, quando finalmente abrimos a porta encontramos um sorriso. Nós vemos olhos de ternura e mãos traspassadas estendidas para nos abraçar. Nos desabamos em lágrimas sem nada a dizer e nada a oferecer.

Ele entra e vê nossa bagunça, mas não se importa. Ele só está feliz por termos finalmente o convidado para entrar. Ele imediatamente pega uma bacia e lava nossos pés. Ele nos oferece Seu Pão e água viva para que jamais tenhamos fome ou sede novamente. Ele oferece a si mesmo, e, finalmente, devemos tê-lo.

Ele se senta em nosso lar despreocupado com a sujeira. Ele aceita nosso miserável estado. Depois de termos ceado, Ele se levanta e concerta nosso lar e limpa nossos destroços. Ele vagarosamente remove toda mancha e toda marca de nosso coração degenerado. Ele fica para limpar cada líquido derramado e concerta tudo o que arruinamos. Ele faz morada permanente conosco e nunca vai embora.

Por que esperei tantos anos para abrir a porta? Por que fui tão teimoso? Por que não podia ver a inutilidade de recusar seu chamado? Por que tentei tanto encobrir minha própria sujeira? Por que eu pensei que poderia oferecer a mim mesmo como alguma coisa que não fosse um mendigo repulsivo?

Jesus não se importava. Ele veio à minha porta porque Ele me amava, e Ele pacientemente esperou até que eu estivesse pronto. Ele já sabia a condição do interior da minha casa. Ele sabia que eu estava uma completa bagunça, mas ainda assim Ele queria entrar. Ele já tinha me aceitado. Era eu que não podia me aceitar.

Se você ouvi-lo bater, se você ouvi-lo chamar seu nome, simplesmente abra a porta. Deixe-o entrar. Ele quer você, mas não o "você" que você acha que Ele exige. Cristo Jesus quer você com toda a sua sujeira, todos os seus fracassos e todos os seus pedaços. Abra a porta e Ele entrará e ceará com você. Ele nunca irá embora e Ele nunca te abandonará. Somente abra a porta.

# Deus do Conforto

*"Bendito seja o Deus e Pai de nosso Senhor Jesus Cristo,*
*Pai das misericórdias e Deus de toda consolação."*

**2 Coríntios 1:3**

O conforto de Deus implica necessariamente que Seus filhos experimentarão desconforto. Ele não precisaria prover alívio se nós não sentíssemos dor. Jesus avisou que "Neste mundo vocês terão aflições; contudo, tenham ânimo! Eu venci o mundo" (Jo 16.33). Desconsiderar o sofrimento cristão é tão ignorante quanto desconsiderar a alegria cristã.

Todos nós precisamos de conforto nesta vida, especialmente quando tudo parece estar desmoronando. Amigos podem encorajar e prover suporte, mas quando as perdas não podem ser reconquistadas, quando as aflições não podem ser mudadas, quando a perseguição não pode ser parada, então precisamos olhar para o nosso Pai das misericórdias.

Deus conforta seu povo por causa de Seu amor. Se Deus não estivesse interessado, Ele não se preocuparia em abrandar a nossa dor. Ele tão somente ficaria de lado e assistiria. Mas nosso Pai não é assim. Quando nossos próprios filhos se machucam e choram por nós, imediatamente os pegamos em nossos braços. Mesmo se não podemos concertar o que os aflige, nós ainda assim os abraçamos e enxugamos suas lágrimas.

Da mesma forma nosso Pai celestial busca nos confortar. Nós somos "a menina dos seus olhos" (Dt 32:10). Sua preocupação

19

constante está sobre nós. Por mais que amemos nossos filhos, Deus nos ama ainda mais. Ele sabe que muitas vezes sofremos porque nós mesmos causamos isso, mas ainda assim somos sua mais preciosa posse. Não importa o motivo do desconforto, Deus vem voando para nos amparar durante a adversidade. E não importa quão ruim foi nossa rebelião anterior foi, Ele nunca nos abandona.

Deus diz a seus filhos: "Haverá mãe que possa esquecer seu bebê que ainda mama e não ter compaixão do filho que gerou? Embora ela possa esquecê-lo, eu não me esquecerei de você! Veja, eu gravei você nas palmas das minhas mãos" (Is 49.15-16). Como uma mãe corre para amparar seu filho que chora, da mesma forma Deus corre para confortar Seus filhos.

O único obstáculo para obter o conforto de Deus é evitá-lO, e por que fazemos isso? Por que não imploramos imediatamente por sua misericórdia? Por que nos sentamos em desespero ao invés de entregar tudo ao Seu cuidado? Será que pensamos que podemos resolver nossos próprios problemas? Estamos com vergonha ou com medo de Sua resposta? Ou somos somente muito orgulhosos para admitir nossa própria impotência?

Deus continua a clamar: "'Venham, vamos refletir juntos', diz o SENHOR, 'Embora os seus pecados sejam vermelhos como escarlate, eles se tornarão brancos como a neve; embora sejam rubros como púrpura, como a lã se tornarão'" (Is 1:18). Nós pensamos que Deus não compreende nossa condição, mesmo assim "não temos um sumo sacerdote que não possa compadecer-se das nossas fraquezas, mas sim alguém que, como nós, passou por todo tipo de tentação, porém, sem pecado" (Hb 4:15). E este empático Sumo Sacerdote que também sofreu nos chama: "Venham a mim, todos os que estão cansados e sobrecarregados, e eu lhes darei descanso" (Mt 11:28).

Irmãos e irmãs, "Se Deus é por nós, quem será contra nós? Aquele que não poupou seu próprio Filho, mas o entregou por todos nós, como não nos dará juntamente com ele, e de graça, todas as coisas?" (Rm 8:31-32) Jesus era o amado Filho de Deus, ainda assim Ele voluntariamente O entregou em nosso lugar. Quão simples será o sacrifício para nos prover conforto?

Nenhum pai sacrifica seu filho em favor de seus inimigos, ainda assim foi exatamente isso que nosso Pai Celestial fez por nós. Este presente é a maior graça já conhecida. Portanto, se Deus pode ser tão misericordioso quando nós éramos rebeldes, quanto mais Ele nos confortará agora que somos Seus filhos?

Nós facilmente esquecemos aquela demonstração da graça imerecida e, portanto, negligenciamos em continuar em Seu amor. Nós falhamos ao lembrar que o homem, Jesus Cristo, "vive sempre para interceder por eles" (Hb 7:25). Em nosso favor Jesus clama ao Pai em nossa aflição. E o mesmo amor que Deus tem por Seu amado Filho Ele estende a nós "gratuitamente no Amado" (Ef 1:6).

"Assim, aproximemo-nos do trono da graça com toda a confiança, a fim de recebermos misericórdia e encontrarmos graça que nos ajude no momento da necessidade" (Hb 4:16). Vamos derramar nossos corações diante de nosso Pai quando estivermos tristes, com medo e com dúvidas. Vamos relembrar o que Deus já fez, veja o que Ele está fazendo agora e confie no que Ele irá fazer. Que nós possamos olhar para Ele com uma fé inabalável em nossa dor e encontrar o conforto imensurável, imutável e eterno.

# Deus Não Te Deixará

*"Nunca o deixarei, nunca o abandonarei."*

**Josué 1:5**

Quando estamos em grande aflição, parece que Deus nos abandonou, que Ele virou o rosto e nos abandonou para sofrermos sozinhos. Pode até parecer que Deus está nos punindo, que Ele está irado, indiferente e cruel. Nós não sentimos Seu amor e parece que Ele está ocupado cuidando de questões mais importantes.

Contudo, Cristo prometeu: "Não os deixarei órfãos" (Jo 14:18). Durante os tempos difíceis devemos decidir se vamos confiar no que Ele diz ou não. Nossa carne é, de fato, fraca. Nós nos machucamos e queremos que a dor suma. Nós não sabemos quanto mais poderemos suportar. E ainda assim, Deus diz: "eu não me esquecerei de você!" Ou isso é verdade ou Deus é um mentiroso. Se Deus mente, então não podemos confiar nEle.

Cada um de nós deve decidir de todo o coração: Posso confiar em Deus? Ele ganhou minha confiança? Deus não prometeu enviar um Messias para morrer por nossos pecados? Cristo não nos reconciliou com o Pai através de Sua morte? Jesus não ressuscitou dos mortos para derrotar tanto o pecado quanto a morte? E Ele não deu o Espírito Santo como garantia da nossa herança?

Então, se essas afirmações são verdadeiras, se tanto Deus como Cristo são fiéis, como podemos, então, não confiar nEle durante nossas provações e tribulações? Não importa quão ruim seja a situação, podemos não confiar nEle? O fato é: Deus nunca nos abandonará não importa quão negra seja a noite ou quão severa seja a tempestade.

Podemos nos sentir abandonados, mas nossos sentimentos não podem determinar a realidade. Nossa fé deve estar fundamentada na verdade, não em sentimentos inconstantes. Nossas emoções são tão voláteis. Um dia nos sentimos na presença de Deus, ainda assim no próximo dia nos sentimos desesperançados e sozinhos. Quão indignos de confiança são nossas paixões fugazes!

A maioria de nós já teve filhos, o que acontece quando deixamos a criança pela primeira vez sozinha no quarto? A criança chora pensando que você a abandonou. Mas o bebê rapidamente aprende que só porque ele não pode te ver não significa que você não está lá. Será que nós não somos como crianças, chorando porque pensamos que Deus nos abandonou? Ainda assim, diferente de um pai terreno, Deus não pode nos abandonar, "Pois nele vivemos, nos movemos e existimos" (At 17:28). Ele está sempre perto. Ele sempre vê. Ele sempre ouve.

Quando nosso Pai tiver completado a obra para a qual esta provação veio, quando tivemos aprendido a confiar plenamente nEle e rejeitar nossos sentimentos irracionais, reconheceremos então Sua presença permanente. Veremos que Ele estava conosco na fornalha ardente. Ele estava conosco na cova do leão. E como qualquer pai terreno, Ele irá nos dizer: "Viu, eu te disse que estava sempre aqui."

Cinja os ombros de sua fé, companheiro de luta. "Confie no Senhor de todo o seu coração e não se apoie em seu próprio entendimento" (Pv 3:5). Pare de tentar fazer com que tudo faça sentido. Pare de tentar consertar. E pare de se preocupar. Jesus disse: "Meu Pai continua trabalhando até hoje, e eu também estou trabalhando" (Jo 5:17). Deus está trabalhando mesmo quando você não percebe. "Espere no Senhor. Seja forte! Coragem! Espere no SENHOR" (Sl 27:14). "Deem graças ao Deus dos deuses. O seu amor dura para sempre!" (Sl 136:2) Creia nEle. Confie nEle. E descanse em Sua presença.

# Nunca Só

*"Mas eu não estou sozinho, pois meu Pai está comigo."*

**João 16:32b**

Não importa quão ruim seja o nosso sofrimento, poderia ser muito pior. Eu não quero dizer que uma aflição maior não virá, ou que você pode nunca se recuperar de uma doença, ou que a morte não irá levar algum amado seu, ou até mesmo que você pode não vencer contra seus inimigos. Não, o que eu quero dizer é que mesmo que se todo esse mal viesse a acontecer, ainda poderia ser pior. Você poderia ser um descrente.

Eu não sei como uma pessoa lida com a dor e a perda sem Deus. Eu não posso imaginar o pavor de uma doença ou uma sentença de morte sem ter esperança para depois desta vida. Eu não sei o motivo pelo qual os descrentes lutam contra o vício quando não existe um motivo absoluto para fazê-lo. Como um não cristão encontra paz quando outros o atacam? Como não entram em desespero quando perdem seus empregos, casas, liberdade, ou família, quando isso é tudo o que eles têm? Como eles conseguem sentar-se sozinhos, famintos, desabrigados e não desistir? A vida dos perdidos é miserável, sem significado e sem esperança. Graças a Deus nós não somos mais como eles.

Sim, nossa provação atual é difícil, mas você consegue imaginar quão desesperador seria se você não tivesse um Pai no céu? Quão amedrontador se Deus não fosse soberano?

Quão implacável se Cristo não tivesse morrido? Quão doloroso se Seu Espírito não estivesse presente?

Nosso Senhor Jesus conhecia de antemão Seu sofrimento, ainda assim Ele continuou em paz porque Deus estava sempre com Ele. Não importa o quanto a gente perca, sempre teremos nosso Pai. Não importa o quanto soframos, Cristo sofre junto conosco. Não importa quanta injustiça, Deus julgará por último.

Quão reconfortante é ouvi-lO falar conosco através de Sua palavra. Que alegria é derramada em nossos corações por Seu Espírito Santo. Que paz ao se aproximar do trono de Deus por meio da oração. Que segurança é saber que "O Senhor está comigo, não temerei. O que me podem fazer os homens?" (Sl 118:6)

Eu só fico com medo quando esqueço a Deus. Quando pensamentos temerosos permeiam a minha mente eu simplesmente me lembro de Seu amor. Quando outros me atacam, me lembro de seu poder. Quando começo a me preocupar, me lembro de sua soberania.

Todo nosso medo é diretamente relacionado a nosso esquecimento dEle. "O perfeito amor expulsa o medo." (1Jo 4:18) E o amor de Deus é sempre perfeito e em plena medida. É o nosso amor por Ele que é imperfeito e até que nosso amor seja aperfeiçoado, o medo irá se esgueirar em nossos corações.

"Não percebem que Cristo Jesus está em vocês?" (2Co 13:5) Você não percebe que "Nossa comunhão é com o Pai e com seu Filho Jesus Cristo." (1Jo 1:3) Cristo permanece conosco e habita em nossos corações. (cf. Jo 14:20; Ef 3:17; Cl 1:27) E "quem confessa publicamente o Filho tem também o Pai." (1Jo 2.23) Quando aceitamos e acreditamos nisto com todo o nosso coração, então o medo, a preocupação e o desespero serão permanentemente erradicados.

Louve a Jesus porque nós nunca estamos sós. Não há nada que possa vir em nossa direção que possa nos amedrontar. "Mesmo quando eu andar por um vale de trevas e morte, não temerei perigo algum, pois tu estás comigo; a tua vara e o teu cajado me protegem." (Sl 23.4)

Alegre-se, portanto, que nós não sofremos como os perdidos que não têm esperança. E dê graças ao nosso Pai por Seu perfeito amor e permanente presença, não importa quão sozinhos e amedrontados possamos nos sentir.

# Abba, Pai

*"E dizia: 'Aba, Pai, tudo te é possível. Afasta de mim este cálice; contudo, não seja o que eu quero, mas sim o que tu queres.'"*

**Marcos 14.36**

Três vezes a palavra "Abba" aparece no Novo Testamento. As duas vezes que Paulo usa o título ele se refere ao pedido de Cristo a Seu Pai. É neste contexto, de um Filho clamando pelo conforto do Pai, que nós, Seus filhos, também imploramos a Ele como nosso "Abba".

Durante a maior parte do tempo, nosso maior desencorajamento vem de não compreendermos a Deus como um Pai amoroso. Intelectualmente, nós sabemos que Ele é o criador. Nós sabemos que Ele é soberano. Nós sabemos que Ele é santo e justo, mas nenhuma destas verdades aquietam nossa alma durante a aflição, pois ainda estamos temerosos e preocupados acerca do futuro.

Nada, a não ser a compreensão do amor de Deus irá aquietar nossas almas atribuladas. Até que um crente venha a compreender sua relação como um filho amado de Deus ele ou ela não experimentará qualquer conforto real e duradouro. Infelizmente, são nossas ideias preconcebidas de um pai que turvam nossa habilidade de ver a Deus como o verdadeiro Pai que Ele é.

Nós certamente carregamos ideias antigas e incorretas do que define um pai. Para alguns, um pai é duro e cruel. Para outros, um pai é distante e inalcançável. E ainda para outros, ele é ausente e não confiável. Qualquer que tenha sido nossa experiência com nossos pais terrenos, nós inconscientemente atribuímos ao nosso Pai nos Céus. Nós sabemos que isso não é justo, mas nós automaticamente aplicamos nossa compreensão de um pai a Deus nosso Pai.

Não importa quantas vezes ou de quantas maneiras Deus se revela em contradição a nossas definições presumidas de um pai, é difícil abandonar nosso passado. Sem nem perceber, nos aproximamos dEle como faríamos com nosso pai terreno. Felizmente, Jesus, que conhecia o Pai desde a eternidade, O revelou como nosso "Abba". E Paulo, por meio do Espírito Santo, propositalmente usou essa revelação para auxiliar nossa compreensão.

Jesus clamou por seu "Abba" exatamente antes que Ele fosse torturado e morto. Jesus sabia que Ele seria abandonado como o sacrifício por nossos pecados. "Começou a entristecer-se e a angustiar-se. Disse-lhes então: 'A minha alma está profundamente triste, numa tristeza mortal.'" Neste estado de desespero, Jesus clamou a Seu "Abba".

Em nosso estado de intensa aflição também clamamos a nosso "Abba". Quando estamos aterrorizados, cheios de dúvidas e afundando em tristeza, precisamos do nosso "Abba". Quando não temos mais aonde ir e ninguém mais para nos ajudar, nós desesperadamente desejamos nosso "Abba".

Nossas tribulações facilmente nos aprisionam em medo e desespero, mas "vocês não receberam um espírito que os escravize para novamente temerem, mas receberam o Espírito que os adota como filhos, por meio do qual clamamos: 'Aba, Pai.'" (Rm 8.15) Antes de Cristo vivíamos em constante medo da ira de Deus, mas, agora, sendo aceitos através da expiação de Cristo somos livres de seu julgamento. Ainda mais, não somos apenas perdoados, mas adotados. E o seu Santo

Espírito nos é dado e "testemunha ao nosso espírito que somos filhos de Deus" (Rm 8.16).

Muitas vezes, a única forma de compreendermos a afeição de Deus por nós está em como amamos nossos próprios filhos. Não há nada que não faríamos para o bem deles. Nós protegemos, confortamos, corrigimos e deixamos de lado nossos desejos para o aperfeiçoamento deles. Nosso amor por nossos filhos não conhece barreiras e nem o amor de Deus por nós.

Jesus disse: "Digo-lhes a verdade: Quem não receber o Reino de Deus como uma criança, nunca entrará nele" (Lc 18:17). E como uma pequena criança recebe a Jesus? Como uma pequena criança se aproxima de seus pais? Mesmo que os pais sejam imperfeitos, a criança ainda assim confia completamente e deseja estar com eles.

Uma criança confia sem reservas em seu pai porque ela confia de todo o seu coração que seu pai a ama. Em completa confiança, uma criança pula da borda sabendo que seu papai irá pegá-la. E nós, sem sombra de dúvida, deveríamos pular nos braços de nosso "Abba". Quando verdadeiramente confiarmos de todo nosso coração que Deus nos ama dessa forma, imediatamente correremos para o trono de nosso Pai com todas as nossas preocupações.

"E, porque vocês são filhos, Deus enviou o Espírito de seu Filho ao coração de vocês, e ele clama: 'Aba, Pai'. Assim, você já não é mais escravo, mas filho; e, por ser filho, Deus também o tornou herdeiro." Um escravo vive com medo de seu mestre, e o tratamento do mestre com seu escravo é baseado em sua performance. Mas um filho é amado independente das obras. Um filho é amado simplesmente porque ele é seu filho. Deus te ama como a um filho, independentemente de quantas vezes você falha.

Um filho é amado antes que faça bem ou mal. Um filho é amado antes que fale qualquer palavra. Um filho é amado antes mesmo de nascer. Um filho é amado por nenhum motivo além de ser filho. Irmão e irmã, nosso Abba nos ama dessa forma. Bom ou mal, certo ou errado, Deus te ama.

Em sua grande provação, você necessita de seu Abba. Seu Pai toma conta de você e provê o que você precisa. Seu Pai observa cada passo seu com grande prazer. Seu Papai enxuga suas lágrimas e cura suas feridas. E seu Abba ouve cada choro seu, sente cada dor e vê cada aflição.

"Jesus, autor e consumador da nossa fé. Ele, pela alegria que lhe fora proposta, suportou a cruz" (Hb 12:2). As aflições de nosso Irmão primogênito não se comparam a alegria que Ele experimentou depois de sua ressurreição. Vendo Sua recompensa através da fé, Ele suportou as dores da morte. Nossos sofrimentos também terminarão logo. E porque nós temos um Abba que nos ama, Ele nos agarrará quando pularmos para Ele em completa fé.

# Deus Escolheu os Desprezados

*"Ele escolheu o que para o mundo é insignificante,*
*desprezado e o que nada é, para reduzir a nada o que é,*
*29 a fim de que ninguém se vanglorie diante dele."*

**1 Coríntios 1:28-29**

A primeira acusação que Satanás faz contra um espírito quebrantado é de não ser merecedor da afeição de Deus. Até mesmo nossa própria consciência nos acusará. O adversário e nossa consciência nos lembrarão de nossos pecados argumentando "Como pode um Deus justo e santo perdoar alguém como você?" A sociedade certamente também nos desencorajará, rotulará e envergonhará, pessoas cujos corações foram perfurados pelo Espírito Santo. Satanás, uma consciência corrompida e o mundo irão se levantar rapidamente para condenar um pecador.

O mundo odiou a Cristo porque Ele deu esperança ao desesperado. Ele se reclinou com os pecadores. Ele restaurou os exilados. A sociedade, contudo, não quer ter nada a ver com o pobre. Ela os realoca para as guetos. Levanta muros para manter os refugiados do lado de fora.

O mundo, embora seja governado pelo pecado, rapidamente condena a todos. Acusa os homens nas cortes. Envergonha-os em público. E os tranca atrás das grades. Esses "desprezados" são considerados impróprios para conviver com a "justa" sociedade. Este mundo em trevas se lembra de cada transgressão e cada tropeço, e alegremente anuncia as atrocidades daqueles que considera desprezados. Ela não oferece perdão, misericórdia ou esperança.

Mas Deus, sendo rico em misericórdia, escolheu as pessoas mais atrozes, as mais pecaminosas, as mais desprezadas, as mais fracas, as mais desesperançadas, as mais ímpias, as mais perdidas e as mais reprováveis para serem "santos e irrepreensíveis em sua presença" (Ef 1:4). Jesus veio para salvar os pecadores e os piores de todos os pecadores. Ele veio buscar o perdido sem esperança, curar os mais doentes e restaurar os piores pródigos.

Jesus não ofereceu nem atenção nem ajuda aos que se presumiam justos. Ele não se importava com o popular, com o mais estimado, com o rico, o forte ou o poderoso. Não, Ele veio para o pobre de espírito, para aqueles morrendo de cedo, para aqueles atormentados por demônios, por aqueles aprisionados pelo pecado e por aqueles cativos pelo maligno. Estes são aqueles por quem Cristo veio.

O mundo zomba do evangelho de Cristo particularmente por causa de seus convertidos. Ele despreza a igreja por causa de seus membros. A sociedade enxerga o corpo de Cristo como uma coleção dos degenerados mais sujos, desprezíveis, indesejáveis, incorrigíveis, repugnantes e repulsivos.

Ainda assim, isso é exatamente o que a igreja é. Esses são precisamente quem Deus desejou mostrar favor e comprar como sua própria posse. Faz parte da declaração de missão da igreja que Deus, por meio de Cristo, justifica o ímpio, não o justo, ou o mais admirável, ou o poderoso ou o mais bem sucedido. Não, Deus escolheu as mais baixas, humilhadas, ridicularizadas e desprezadas das pessoas.

Nós somos a assembleia de ex-mentirosos, fofoqueiros, assassinos, ladrões, idólatras, adúlteros, bêbados, fornicadores, viciados, homossexuais, espancadores de esposa e estupradores. Nós somos os "nãos", os não bons o

33

bastante, espertos o bastante ou fortes o bastante. Nós não temos ostentação neste mundo ou em nós mesmos.

Mesmo se Satanás e este mundo nos odeiam, o amor de Deus é maior. Mesmo "quando o nosso coração nos condenar. Porque Deus é maior do que o nosso coração e sabe todas as coisas" (1Jo 3:20). Ele nos ama sem nenhuma razão. Nunca houve e não há nada em nós que nos dê mérito por Seu favor. Ele nos ama, não porque somos dignos, mas porque Deus é amor. "Nós amamos porque ele nos amou primeiro" (1Jo 4:19).

Aqueles que "estão" na sociedade sacrificam a Deus uma porção de seu coração. Eles vêm a Deus com sua alta estima, sua reputação, riqueza e obras poderosas. Elas oferecem estas coisas em lugar da cruz para que possam manter seu orgulho e ostentação em si mesmos.

Mas Deus não se importa com suas reputações, riquezas, presentes ou boas obras. Todas essas coisas lhe são trapos de imundícia. Pois, "Não te deleitas em sacrifícios nem te agradas em holocaustos, se não eu os traria. Tu não desejas um sacrifício queimado. Os sacrifícios que agradam a Deus são um espírito quebrantado; um coração quebrantado e contrito, ó Deus, não desprezarás" (Sl 51:16-17).

Por isso Deus escolheu os "nãos" para serem seu povo, pois não podemos nos gloriar em nós mesmos. Nós só podemos nos orgulhar na graça salvadora não meritória de Deus e de nosso Senhor Jesus Cristo. Nós não conquistamos nada, nem somos nada em nós e de nós mesmos, pois "àquele que não trabalha, mas confia em Deus, que justifica o ímpio, sua fé lhe é creditada como justiça" (Rm 4:5).

Nós "como os outros, éramos por natureza merecedores da ira. Todavia, Deus, que é rico em misericórdia, pelo grande amor com que nos amou, deu-nos vida com Cristo, quando ainda estávamos mortos em transgressões — pela graça vocês são salvos" (Ef 2:3-5). Deus nos amou sem nenhuma razão a não ser por Ele ser grande em misericórdia e abundante em amabilidade. Ele nos salvou, pecadores ímpios, para sermos seus filhos adotados e transformados à semelhança de Seu filho. Louve a Deus por nos escolher, os "Nãos".

# Cristo em Vocês

*"A ele quis Deus dar a conhecer entre os gentios a gloriosa riqueza deste mistério, que é Cristo em vocês, a esperança da glória."*

**Colossenses 1:27**

Quando outros fofocam e zombam, quando eles contam mentiras e o acusam de maldades, você se pergunta por que os crentes são tratados desta forma? No mais profundo do seu coração, você sabe que o que eles dizem é falso, e não faz nenhum sentido dentre todas as pessoas tornar você o alvo.

Se você for como eu, um ninguém, nada de importante, somente mais um pecador salvo pela graça de Deus, você pode também questionar por que tal perversidade está focada em sua vida insignificante. Você sabe que não é um grande Santo, um campeão da fé, alguém líder altamente estimado ou um destemido General no exército de Deus.

Você pensa: "Quem sou eu para que estes acusadores pensem em mim?" Eu duvido que Satanás ou alguém de seu reino saiba o meu nome. Eu nunca fiz nada grandioso pelo qual eu pudesse ganhar a atenção de Satanás. Eu sou um ninguém. Por que estes maldosos focaram em mim?" Esta perseguição contra você não tem nenhum sentido lógico para o observador comum.

Mas esta conclusão sobre nossa insignificância está errada. Nós somos eleitos de Deus, "geração eleita, sacerdócio real, nação santa, povo exclusivo de Deus" (1Pe 2:9) e o corpo de

Seu amado Filho. Nós somos Seus filhos por meio da adoção e irmãos e irmãs do Primogênito. O próprio Jesus nos diz que somos mais do que servos, somos Seus amigos. Nós, como ramos, habitamos na vinha que é Cristo e levamos adiante a água viva conforme retiramos vida de sua fonte eterna.

Nós somos os sal que preserva este mundo até o Dia do julgamento. Nós somos a luz essencial e sem o nosso brilho este mundo estaria com certeza perdido nas trevas. Nós somos embaixadores de Cristo representando nosso Mestre enquanto viajamos por uma terra estranha, e somos vigias que avisam do desastre iminente que aguarda a cidade impenitente. Sem nós, sem a igreja, Satanás enganaria, devoraria e destruiria sem resistência.

Por que você acha que Satanás tentou nosso Senhor tão ferozmente? Será que não foi porque se Cristo tivesse cedido a qualquer uma de suas sugestões Satanás teria assegurado para sempre sua posição como Príncipe deste mundo? Mas nosso Senhor recusou-se a ceder.

Por que você acha que Cristo foi tratado tão brutalmente antes de Sua morte? Um homem que não fez nada além de boas obras, um homem que alimentou os pobres, curou os enfermos e ressuscitou dos mortos. Eles o açoitaram, cuspiram e zombaram. Eles riram dele e o ridicularizaram. Eles o penduram em uma árvore com pregos atravessados por sua carne. Que outro "bom" homem na história foi tratado tão desdenhosamente?

O Filho de Deus foi tão cruelmente tratado porque Satanás O odeia. Satanás odeia Deus o Pai, e odeia especialmente o Filho, o qual, por sua morte, retirou o seu poder. Cada argumento que Satanás usou contra Deus foi invalidado pela morte de Jesus Cristo. A cruz silenciou o acusador de uma vez por todas. Satanás, a serpente mentirosa, odeia a Deus e Seu povo com cada parte de seu ser. Ele odeia a Cristo e cada parte de Seu corpo. Ele odeia você, meu caro crente, porque ele odeia a Jesus.

Não importa quão fraca seja a nossa luz ou sem sabor nosso sal, Satanás não pode suportar a existência dos filhos de Deus na terra. Ele se livraria de nós da mesma forma que nós faríamos com ele. Como um leão rugindo, ele caça outro crente para devorar, e todos seus filhos ajudam na aniquilação do povo de Deus. Estas luzes divinas devem ser escondidas ou extinguidas por qualquer meio necessário. As nações maquinam em vão destruir os servos de Cristo e elas nunca desistirão de seu genocídio.

Jesus veio brandindo uma espada para violentamente libertar os cativos de Satanás. Ele amarrou o dono da casa para que pudesse pilhar suas posses. Mas agora a grande serpente está solta para tentar, para torturar, para afligir aqueles que foram libertos de suas garras.

Talvez nós nunca tenhamos que ficar face a face contra Satanás como nosso Senhor fez, mas teremos que permanecer firme contra seus dardos e estratagemas. E qual é o procedimento do diabo, ele usa seus próprios súditos, seus próprios escravos para caluniar, mentir, acusar, abusar e até mesmo assassinar a família de Deus.

Pois não somos deste mundo. Nossa cidadania está nos Céus, Nosso Rei está assentado à direita do Todo-Poderoso. Nós somos estrangeiros, visitantes e refugiados neste mundo moribundo, quebrado e destinado ao inferno.

O mundo não compreende nosso governo, nossas leis e nosso espírito. Ele não compreende nossa rígida incompatibilidade. O mundo não sabe nada sobre a misericórdia ou a graça. O mundo está frustrado que estas pessoas estranhas não jurarão lealdade a ele ou se conformarão a seus caminhos. Assim, o mundo não toma prisioneiros desta nação peculiar.

Quanto mais somos transformados à imagem do Filho, mais animosidade o mundo terá contra nós, Sua semente fiel. Nós não somos como o mundo e o mundo sabe que isso é verdade. Nossa presença é uma testemunha constante contra eles e sua crueldade. Assim como eles queriam livrar a terra do unigênito Filho de Deus, da mesma forma hoje eles desejam que todos os filhos de Deus sejam extintos.

"Amados, não se surpreendam com o fogo que surge entre vocês para os provar, como se algo estranho lhes estivesse acontecendo" (1Pe 4:12). Não fiquem chocados quando eles falarem todo tipo de mentiras contra vocês. Não seja confundido em como eles podem estar felizes quando você está triste, como eles podem se regozijar quando você sofre, como eles podem exultar quando você é humilhado, ou como eles ficam aliviados quando você finalmente morre.

É desta forma que o mundo tem sempre lidado com o povo de Deus, especialmente Seus profetas e ainda mais especialmente Seu Filho amado, Jesus Cristo. Vamos suportar corajosamente o sofrimento em nossa fidelidade a Ele. Portanto, "se vocês são insultados por causa do nome de Cristo, felizes são vocês, pois o Espírito da glória, o Espírito de Deus, repousa sobre vocês" (1Pe 4:14).

# Perseguidos por Causa da Justiça

*"Bem-aventurados os perseguidos por causa da justiça,*
*pois deles é o Reino dos céus."*

**Mateus 5:10**

Existe uma grande diferença entre perseguição comum e perseguição por causa da justiça. Muitos são afligidos por razões comuns. As pessoas machucam outras porque isso serve a seus interesses e os cristãos podem ser atacados por causa de seus próprios erros.

Os eleitos de Deus podem sofrer por causa de suas próprias más decisões. Eles pecam e existem consequências. Suas bocas cospem veneno e outros retaliam. Eles se alistam em uma causa e seus oponentes resistem a eles. Eles podem fazer boas obras, não por amor, mas para se vangloriar e se sentir melhor a respeito de si mesmos. Contudo, nenhuma dessas aflições acontece por causa da justiça. É meramente o resultado de suas próprias escolhas erradas.

Aqueles que realmente sofrem por causa da justiça não desejam perseguição. Eles não se preparam para começar uma controvérsia ou se engajar em um debate. Eles simplesmente desejam fazer a vontade de Deus e amá-lo de todo o coração. Eles são humildes, mansos, gentis e amáveis. Seu objetivo é trazer a paz entre o homem e Deus e consequentemente entre homem e homem. Eles não julgam e amam as pessoas apesar dos defeitos ou reputação. Como Cristo, "não gritará nem clamará, nem erguerá a voz nas ruas. Não quebrará o caniço rachado, e não apagará o pavio fumegante. Com fidelidade fará justiça" (Is 42:2-3).

Parece alarmante que tais pessoas sejam perseguidas, ainda assim não foi Cristo odiado, atacado e assassinado? "De fato, todos os que desejam viver piedosamente em Cristo Jesus serão perseguidos" (2Tm 3:12). Mesmo assim, o sofrimento por mero benefício espiritual nunca é a intenção deles. "Essas regras têm, de fato, aparência de sabedoria, com sua pretensa religiosidade, falsa humildade e severidade com o corpo, mas não têm valor algum para refrear os impulsos da carne" (Cl 2:23). O fiel não busca ficar enfermo ou aflige a si mesmo. Seu foco é cumprir o mandamento de Cristo: "sejam perfeitos como perfeito é o Pai celestial de vocês" (Mt 5:48). Mesmo assim, os justos são recompensados com injúria.

O povo de Deus é afligido porque "a mentalidade da carne é inimiga de Deus porque não se submete à Lei de Deus, nem pode fazê-lo" (Rm 8.7). O mundo que se opõe e odeia a Deus se opõe e odeia Seus filhos. Os ímpios atacam a justiça por causa de sua animosidade contra Deus. Cristo disse a seus discípulos: "Bem-aventurados serão vocês quando, por minha causa, os insultarem, os perseguirem e levantarem todo tipo de calúnia contra vocês" (Mt 5:11). Pode não haver outra razão lógica do porquê o mundo odeia os cristãos além de que a própria existência dos crentes os condena.

Um grande amigo meu sofreu todos os tipos de ataque de sua ex-esposa. Ela o acusava dos atos mais horríveis e constantemente criava intriga entre ele e seus filhos. Ela o processou no tribunal só para fazê-lo sofrer. E quando isso não foi suficiente ela contratou falsas testemunhas para testemunharem contra ele na esperança de que ele fosse preso.

Ninguém do lado de fora compreendia por que ela o odiava tanto. O observador comum presumia que ele deveria ter feito alguma coisa para gerar tal ódio. Quando eu perguntei por que ela o odiava tanto, ele só podia supor que desde que ele havia se arrependido e entregado sua vida ao Senhor seu testemunho vivo era uma acusação contra ela.

"O justo passa por muitas adversidades" (Sl 34:19a), pois as pessoas perversas continuarão a persegui-las. Os ímpios utilizarão qualquer método para destruir os piedosos. Não é porque as pessoas de Deus intencionalmente criam discórdia, nem porque elas ostentam sua bondade, nem porque elas apoiam determinada causa, mas porque elas são luz do mundo e o sal que preserva sua existência.

Não fique desanimado quando outros te atacarem sem nenhuma razão aparente, "pois assim os antepassados deles trataram os profetas" (Lc 6.23). Mas se preocupe "quando todos falarem bem de vocês, pois assim os antepassados deles trataram os falsos profetas" (Lc 6.26). Pare e considere quando estiver sendo atacado. Avalie suas próprias obras e motivos, e se você não puder pensar em nenhuma outra razão além da justiça, então se alegre e fique seguro de que você realmente possui o Reino dos Céus.

# Nunca Condenados

*"Quem fará alguma acusação contra os escolhidos de Deus? É Deus quem os justifica. Quem os condenará? Quem nos separará do amor de Cristo?"*

**Romanos 8:33, 34a, 35a**

Quando sofremos uma provação prolongada definitivamente não nos sentimos muito confiantes como cristãos. Nossa fé é fraca, e conforme sofremos podemos acreditar que Deus nos esqueceu, nos rejeitou, e liga pouco para o nosso estado. Nosso adversário engana nossas mentes com pensamentos de dúvida e desespero. Mesmo nossos próprios corações podem nos condenar e confundir. É durante essas dificuldades que nós devemos trazer "cativo todo pensamento, para torná-lo obediente a Cristo" (2Co 10:5).

Quando começarmos a pensar "Deus não deve me amar", leve sua atenção à cruz. Visualize Cristo pendurado lá, espancado, sangrando e em grande aflição. Veja-o pedir por água. Ouça-o clamar: "Pai, perdoa-lhes, pois não sabem o que estão fazendo" (Lc 23:34). Qual demonstração maior de amor você esperaria ver? O que mais Deus ou Seu Filho podem fazer para provar seu amor incondicional por nós?

Se Deus estava determinado a sacrificar Seu Filho por seus pecados, você não consegue ver quão valioso você é para Ele? Se Cristo estava disposto a sofrer a tortura e a morte enquanto clamava pelo seu perdão, você não consegue compreender o quanto Ele te ama? O que mais Deus ou Seu Filho podem fazer para convencê-lo de seu inseparável amor por você?

43

O que poderia acontecer que pudesse fazê-lo mudar de ideia acerca de você? Que pecado Ele não pode perdoar? Qual falha O forçaria a remover Seu favor? Que defeito O faria lançá-lo fora? Como Paulo retoricamente perguntou: "Quem nos separará do amor de Cristo?" (Rm 8.35a) A resposta é: ninguém.

Se a ira e o julgamento de Deus contra cada pecado, incluindo os seus, foram plenamente satisfeitos pela morte de Seu Filho, quem tem a audacidade de nos acusar, nós que somos aceitos através dessa expiação. Quem ousa trazer uma acusação contra os filhos adotivos de Deus? Que pessoa sendo declarada justa através do sangue de Cristo pode ser considerada injusta diante do Pai? A quem Deus perdoou está perdoado. A quem Deus justificou está justificado completamente, para sempre e por toda a eternidade, pois aquela justiça é do eterno e perfeito Deus.

Deus não aceita audiência com os acusadores do Seu povo. Cristo está assentado sozinho como Juiz e todo argumento contra Seus irmãos é imediatamente rejeitado. Deus não aceitará acusação contra Suas posses. Satanás foi expulso dos Céus e não tem mais acesso à corte de Deus. Ele está, ainda assim, liberado para enganar e desencorajar os filhos de Deus. Somente quando um cristão aceita as mentiras do acusador ele duvida do amor de Deus e de sua posição em Cristo. Não seja enganado pela astúcia de nosso adversário.

Lembre-se sempre, não importa o que aconteça, "Vocês, porém, são geração eleita, sacerdócio real, nação santa, povo exclusivo de Deus" (1Pe 2.9). "A nossa cidadania, porém, está nos céus" (Fp 3.20) e os "predestinou para serem conformes à imagem de seu Filho, a fim de que ele seja o primogênito entre muitos irmãos" (Rm 8.29). "Deus nos ressuscitou com Cristo e com ele nos fez assentar nos lugares celestiais em Cristo Jesus." (Ef 2.6)

Portanto, nunca deprecie a si mesmo dando crédito ao medo e ao desespero. Saiba com certeza que seu irmão mais velho, Cristo, tem bênçãos ainda maiores te esperando quando Ele voltar para te levar para casa. Nada e ninguém podem te separar do amor de Deus.

# A Única Maneira de Orar

*"Senhor, ensina-nos a orar..."*

**Lucas 11.1**

Contrário às orações ensaiadas, polidas e poéticas que ouvimos em nossas assembleias, a oração que Deus aceita deve ser do coração e em completa humildade. Orar ao nosso Pai deve ser simples, sincero e submisso com cada palavra vindo do fundo da nossa alma.

Você se sente abandonado? Você está desencorajado? Você está com dor? Você está irado? Você se sente desesperado? Você pensa em suicídio? Você odeia seus inimigos? Você está irado porque Deus não está te salvando? Você duvida de Seu amor? Você sente que não já proveito ou lucro na fidelidade? Você se sente imperdoável? Parece que Deus está punindo você? Você sente que Ele está te ignorando? Se sim, diga a Ele.

Mesmo que as pessoas na igreja possam estar despreparadas para lidar com as realidades das emoções humanas, Deus já conhece nossos pensamentos e sentimentos mais profundos. Nosso Pai vê o que está no fundo de nossos corações, então qual é o sentido de tentar esconder esta realidade dEle? Você está mentindo para Ele ou para você mesmo? Se Deus realmente te ama e te aceita com verrugas e tudo, então Ele conhece suas fraquezas, suas dúvidas e seus medos.

Diga a Deus como você realmente se sente. Declare aqueles pensamentos que você até mesmo considera errados. Você já os considerou em seu coração, então por que não os expressar ao seu Pai? Como Deus pode trabalhar com você quando você é desonesto?

Orações não devem ser credos doutrinários perfeitos. Elas falam a verdade de nossa condição ao nosso Pai. Até mesmo Davi expressou sentimentos que olharíamos torto em nossas assembleias. Deus deseja honestidade tanto quanto exigimos de nossos próprios filhos. Nós não julgamos nossos pequeninos quando eles falam alguma coisa errada, nem o nosso Pai nos condena quando expomos nossos corações diante dEle.

Caia de joelhos em humilde sujeição. Prostre-se em absoluta entrega diante do criador dos céus e da terra. Fale em voz alta o que vem do seu coração para evitar qualquer distração. Cite Sua palavra para Ele quando estiver em dúvida. Coloque tudo aos pés do Grande Médico para que Ele possa curar suas feridas. Seja honesto, sincero e submisso. Esta é a única maneira de orar.

# Lute com Deus

*"Então o homem disse: 'Deixe-me ir, pois o dia já desponta'. Mas Jacó lhe respondeu: 'Não te deixarei ir, a não ser que me abençoes.'"*

**Gênesis 32:26**

Por quanto tempo você tem lutado com Deus? Em grandes aflições continuamente clamamos por sua bênção. Em dores intensas constantemente imploramos por alívio. Cheios de medo, buscamos por aquele que pode nos livrar. Mas ao invés de salvar muitas vezes o Senhor vem para testar nossa determinação.

Jacó lutou sua vida inteira. Como o segundo filho ele não receberia herança. E sendo diferente ele nunca recebeu a afeição de seu pai. Somente por meio de engano ele conseguiu uma bênção que originalmente era destinada a outra pessoa.

Posteriormente em sua vida, Jacó foi maltratado e enganado por seu sogro Labão, e suas duas esposas somente aumentaram seu sofrimento. Parecia que elas não o amavam realmente, mas o usavam para sua própria vantagem. Sem amor verdadeiro ou aceitação, Jacó arrumou sua coisas e retornou para sua terra natal.

Os enganos de Jacó o encontraram. Seus parentes o acusaram de lucro desonesto, Labão tentou puni-lo e seu irmão, Esaú, foi de encontro a ele com um exército para dar o troco por seu engano. Em completo terror pelo que poderia acontecer, ele tentou dormir só para ser atacado por um "homem" aquela noite.

Mas Jacó se recusou a desistir e lutou com este "homem" até o amanhecer. Ele não aceitaria a derrota, então o "homem" o feriu para obter a vantagem. Mesmo assim, Jacó ainda não desistiria até que recebesse uma bênção.

O pai de Jacó não o aceitou. Seu sogro não o apreciava e suas esposas não o amavam. Estava extremamente frustrado, e desta vez ele receberia sua bênção mesmo que isso o matasse.

O quanto nós desejamos o favor de Deus? Estamos dispostos a sofrer aflição, perda e perseguição para obter Sua bênção? Lutaremos com Ele através das muitas noites escuras até que Ele reconheça nosso valor? Não cessaremos de orar até que Ele responda?

Jacó foi recompensado por sua perseverança. Por sua incansável perseguição pela bênção de Deus, ele recebeu o nome de Israel, "príncipe de Deus". Não mais Deus o trataria como Jacó, o "suplantador." Ele foi aceito no Amado como realeza, um filho do Rei.

Enquanto sofremos, o que mais queremos? Desejamos somente o alívio, conforto ou justiça? Ou lutamos pela aceitação, bênção e amor de Deus? Lutaremos toda noite por muitos anos por uma resposta? Em nossa imensa dor e luto nós desejamos Deus acima de todas as coisas?

"Bem-aventurado é aquele que suporta com perseverança a provação. Porque, depois de ter sido aprovado, receberá a coroa da vida, a qual o Senhor prometeu aos que o amam" (Tg 1:12). Pela nossa perseverança na aflição somos abençoados por Deus através de Seu Filho "que ele nos concedeu gratuitamente no Amado" (Ef 1:6). Deus "nos abençoou com todas as bênçãos espirituais nas regiões celestiais em Cristo" (Ef 1.3). Em Jesus somos aceitos, abençoados e amados. E por meio de Cristo, adquirimos uma nova identidade como um filho de Deus e irmão do Rei (cf. Rm 8:16; Gl 4.6).

Quando esta vida terrena terminar, se permanecermos firmes, ouviremos nosso Mestre dizer: "Muito bem, servo bom e fiel; você foi fiel no pouco, sobre o muito o colocarei; venha participar da alegria do seu senhor" (Mt 25.21). Se perseverarmos, "As nações verão a sua justiça, ó Jerusalém, e todos os reis contemplarão a sua glória; e você será chamada por um nome novo, que a boca do SENHOR designará" (Is 62.2).

Como Jacó nós não mais seremos conhecidos como desprezados, rejeitados e mal-amados, mas, como Israel, como admirados, aceitos e amados por Deus. Apesar de nosso passado, nossas falhas, ou nossos pecados, e não importa o quanto somos afligidos, "resta um repouso sabático para o povo de Deus" (Hb 4.9). Enquanto isso, nós batalhamos e guerreamos, mas nós não podemos desistir da luta até que recebamos Sua bênção prometida.

# Acalme-se e Espere

*"E, chegando Faraó, os filhos de Israel levantaram os olhos e eis que os egípcios vinham atrás deles, e ficaram com muito medo. Então os filhos de Israel clamaram ao SENHOR."*

**Êxodo 14.10**

Nossos períodos mais difíceis vêm quando estamos encurralados entre duas montanhas intransponíveis, com o mar adiante e os inimigos avançando por trás. Encurralados não temos para onde fugir e nem onde nos esconder. Estamos mal equipados para lutar, portanto tudo o que podemos fazer é clamar a Deus por livramento.

É difícil aceitar que Deus possa ter nos encaminhado à provação de propósito. Nós, como os Israelitas, pensamos que nossa salvação estava terminada quando fomos resgatados pelo Cordeiro da Páscoa. Mas Deus nos leva às tribulações onde novamente somos completamente incapazes. Mais uma vez estamos totalmente desesperados. Ainda assim, neste vale escuro de desespero devemos cingir os lombos da nossa fé.

Não sejamos como Israel que, quando viram o avanço do exército egípcio, acusou a Deus de ser cruel. Não vamos pensar que seria melhor viver como escravos do que morrer como homens livres. Lembre-se do estado miserável em que Ele nos encontrou. Quando clamamos por salvação Ele alegremente nos resgatou de nossos pecados. Vamos nos lembrar do prêmio da filiação para que não abandonemos nossa fé e soframos a perda eterna.

Você realmente deseja voltar para a vida que você tinha antes de conhecer a Deus? Você ficaria feliz por ser governado pelo pecado novamente? Você retornaria voluntariamente à escravidão sob aquele duro capataz, Satanás? Você abandonará o fardo leve de Cristo para novamente ser açoitado pelos chicotes do diabo? Você preferiria comer comida de porcos ao invés de sentar-se à mesa do Pai? Você entregaria sua alma eterna para gratificar a carne no presente? Você venderá o gratuito presente da salvação eterna para adquirir alívio temporário. De jeito nenhum, pois um retorno à escravidão é muito pior do que a morte.

Desta forma, devemos permanecer calmos durante a aflição. Devemos confiar somente no Senhor para salvação. Deus lutará por nós. Israel não sabia que Deus já estava trabalhando para salvá-los. Os ventos de Deus sopraram toda a noite enquanto eles lamentavam, choravam e se desesperavam por suas vidas. Ele os manteve a salvos por meio de uma nuvem enquanto Ele operava seu milagre. Ainda assim eles não se deram conta nem deram graças a Ele enquanto esses eventos aconteciam.

Deus salva de formas sobrenaturais e Seus métodos estão além da compreensão. Ele não nos dará força para suportar a provação somente, mas Ele nos libertará sem nossa ajuda. "Ao nosso Deus, que está sentado no trono, e ao Cordeiro, pertence a salvação" (Ap 7.10). Da mesma forma que a morte de Seu Filho pagou completamente por nossos pecados, Deus assumirá o débito para nos livrar da tribulação.

Deus liberta, não somente para mostrar Seu poder, mas para que as criaturas salvas por Sua graça possam glorificá-lO por Seu amor. Nenhum outro Deus salva aqueles que não podem salvar a si mesmos. Nenhum outro Deus paga o resgate de Seus inimigos. Nenhum outro Deus justifica os ímpios.

Que grandes obras você trouxe a Deus para que Ele pudesse favorecê-lo? Que poder você tinha para salvar a si mesmo?

Em que grande reputação você se vangloriou para que o Criador te exaltasse para se sentar no Seu trono? Se, portanto, anteriormente éramos rebeldes, injustos, impotentes e sem valor, e ainda assim Deus nos libertou, como é que agora você se preocupa que Ele irá te abandonar durante sua hora mais sombria.

Quanto maior a nossa aflição, quanto mais poderosos nossos adversários, quanto mais desesperados estivermos, mais incrível será a Sua salvação. Quem em Israel teria imaginado que Deus Jeová dividia um mar inteiro? Era inconcebível e além de todas as expectativas. Não podemos antecipar ou imaginar como Deus trabalha para salvar Seu povo. Ele fará o mesmo por você se você quiser, mas espere por Ele.

Deus pode e irá te salvar completamente e por toda a eternidade. Contudo, não tenhamos uma mente carnal, acreditando que Deus irá nos libertar de todos os problemas terrenos. Deus não é obrigado a nos salvar de cada experiência dolorosa. Assim como Ele "derrama chuva sobre justos e injustos" (Mt 5:45), da mesma forma Ele permite que as tempestades aflijam o justo e o injusto.

Mas Deus irá, por fim, nos salvar deste mundo de tristeza, dor e morte. Ele nos salvará de cada cuidado terreno. Ele prometeu enxugar cada lágrima naquele lugar onde "não haverá mais morte, nem tristeza, nem choro, nem dor, pois a antiga ordem já passou" (Ap 21:4).

"Espere no Senhor. Seja forte! Coragem! Espere no SENHOR" (Sl 27:14). Não se Desespere.

"Todavia, de acordo com a sua promessa, esperamos novos céus e nova terra, onde habita a justiça" (2Pe 3:13). Não haverá mais um templo no entrar para estar na presença de Deus porque o Senhor e o Cordeiro estarão em todo lugar. Todo lugar estará cheio de Deus. Não haverá sol nem lua porque a glória de Deus será nossa luz. Essa é a esperança pela qual nós suportamos o sofrimento. Portanto, "Não tenham medo. Fiquem firmes e vejam o livramento que o Senhor lhes trará hoje" (Ex 14.13).

# Continue a Orar

*Disse ela, porém: "Sim, Senhor, mas até os cachorrinhos comem das migalhas que caem da mesa dos seus donos".*

**Mateus 15:27**

Por quanto tempo você tem implorado pela misericórdia do Senhor? Quantas lágrimas você derramou? Quantas vezes você ouviu "não" de Deus? Quantos dias, meses ou até mesmo anos você chorou por livramento e ainda assim nenhuma ajuda veio? Nós continuamos a clamar, ainda assim Jesus não nos responde uma palavra.

Parece que Deus virou Seu rosto e recusa-se a ouvir nossas petições. Parece que Deus não tem tempo ou preocupação para com nossa situação. Continuamos a clamar: "Senhor, por favor, me ajude! Tenha misericórdia de mim!" Ainda assim, quando Ele finalmente nos responde nos chama de cães.

Você não sabe quantos filhos de Deus têm experimentado isto e sentido da mesma forma? Oceanos de lágrimas têm sido derramados em prisões, abrigos, campos de refugiados, pequenas cabanas, quartos de hospital e velórios. Não imagine por um minuto que você está sozinho em sua frustração de orações não respondidas.

Esta mulher chamada de cão conhecia sua reputação e o desprezo dos judeus por ela. Ela sabia que era uma exilada, não era considerada digna de se associar com os religiosos e justos. Ela sabia que era desprezada pela alta sociedade. Ela sabia que os primorosos judeus pensavam dela, que ela, sendo gentia, "nasceu cheia de pecado" (Jo 9.34).

Mas ela não se importava. Ela não poderia se importar menos com o que os outros pensavam. Sua filha estava sofrendo. Ela testemunhou sua filha ser tomada pela dor todos os dias, e isso destruiu seu coração. Nenhum médico podia curá-la. Nenhum sábio, sacerdote ou filósofo poderia ajudar. Ela não tinha nenhum lugar para ir exceto para este Jesus.

Esta pobre mulher admitiu sua indignidade. Ela sabia que não merecia misericórdia, mas ela clamou mesmo assim: "Senhor, me ajude." O Filho de Deus não lhe respondeu nenhuma palavra como se Ele também a considerasse irrelevante. Mas ela continuou clamando.

O Senhor, então, simplesmente a insultou chamando-a de cão. Ainda assim, ela não foi dissuadida, pois ela argumentou que mesmo os desprezíveis cães comiam das sobras que caíam da mesa de seu dono. Somente uma pequena migalha de graça era tudo o que ela queria, nada de mais para o Todo-Suficiente Deus.

"Grande é a sua fé," respondeu no Salvador. "Grande" porque apesar do desencorajamento e desdém ela persistiu em seu pedido. Grande é nossa fé quando reconhecemos nossa falência e impotência diante de Deus. Grande é nossa fé quando continuamos a orar sem resposta. Grande é nossa fé quando continuamos a bater na porta enquanto Deus parece se esconder em Sua casa. Grande é nossa fé quando ainda confiamos nEle mesmo embora Ele pareça ter nos abandonado.

Você já clamou a Deus e não recebeu nenhuma resposta? Continue a orar. Deus virou Seu rosto e Sua mão é pesada sobre você? Continue a orar. Você se sente abandonado por aquEle que disse que nunca te abandonaria? Continue a orar. Continue a clamar. Continue a implorar. Continue a pedir por

Sua misericórdia dia e noite, noite e dia. Não descanse da oração constante até que Ele finalmente responda. Não aceite o Seu silêncio. Espere por Sua resposta.

É por nossa persistência que provamos nossa dependência dEle. Nós esperamos pacientemente, e, portanto, confiamos que Ele fará com que tudo coopere para o bem. Contrário à nossa natureza humana que exige gratificação imediata, nossa natureza em Cristo é longânima e se submete a vontade de Deus em todas as coisas o tempo todo. Nós, portanto, aderimos ao tempo de Deus e aceitamos a Sua sabedoria.

Deus sabe o que é melhor do ponto de vista da eternidade. Ele sabe o que Ele está fazendo. Ele está fazendo com que todas as coisas cooperem para o bem. Ele sabe o tempo e a época certa. Ele sabe o que é mais vantajoso para nós. Ele tem o plano maior trabalhando a nosso favor e em nós. Deus tem inúmeras bênçãos planejadas para dar, mas nossos corações devem estar preparados para aceitá-los.

Como esta pobre mulher, nós também reconhecemos nossa pobre posição como meros cães implorando por restos. Nós não exigimos livramento, mas clamamos: "Ajuda-nos, ó Deus, nosso Salvador, para a glória do teu nome; livra-nos e perdoa os nossos pecados, por amor do teu nome" (Sl 79:9). Por Sua imerecida misericórdia em nosso imerecido resgate, somente a Ele pertence toda a glória. Portanto, se Ele salvar ou destruir, der ou tirar, bendito seja o nome do Senhor.

# Medo na Tempestade

*"Mas, quando reparou no vento, ficou com medo e, começando a afundar, gritou: 'Senhor, salva-me!'"*

**Mateus 14:30**

É escura a noite na qual atravesso este turbulento mar. As ondas ameaçam minha vida e as vidas dos que estão comigo. É perturbador pensar que Jesus me enviou para esta tempestade de propósito. Por que Ele não veio comigo? Ele sabia que esta tempestade estava vindo, mesmo assim Ele esperou para vir em meu auxílio.

Olhando para meu Senhor, eu pisei do lado de fora confiando em Sua preocupação para comigo, mas então os ventos aumentaram e as ondas começaram a se levantar sob meus pés. Conforme sou empurrado de um lado para o outro, eu temo que Ele só tenha me chamado para me afogar. É muito tarde para retornar a salvo para o barco. Então, começo a duvidar e deixo de olhar para Ele. Ondas grandes me desequilibram, e, então, estou afundando.

Com todo meu coração eu desejo firmemente focar em Deus, mas as ondas amedrontadoras continuam a me atacar. Os inimigos continuam a vomitar ameaças. Eles afligem meus filhos e ameaçam minha esposa. Eles me cercam com forças ainda maiores. Eu estou com medo do que vai me acontecer, de que coisas piores virão. Eu sou incapaz de me firmar em águas instáveis, e eu estou aterrorizado por causa das ondas medonhas.

Era fácil confiar no Senhor durante as épocas da brisa gentil. Mas quanto mais eu piso fora da fé, mais aflição pareço sofrer. Eu poderia dar as costas para Cristo, mas de qualquer forma eu pareço estar condenado a me afogar. Eu tento permanecer firme, mas minha força está esgotada. Minha alma está profundamente perturbada e minha mente está cheia de dúvidas.

As águas turbulentas me engolem conforme eu começo a afundar. As ondas cobrem minha cabeça e eu preciso lutar para sobreviver. Eu clamo a meu Senhor por ajuda, ainda assim Ele ainda demorar para me salvar. Lutando por ar Ele finalmente toma minha mão e me puxa para cima. "Homem de pequena fé," Ele diz, "por que você duvidou?" (Mt 14:31)

Eu estou tentando não duvidar, meu Senhor. Mas eu estou com tanto medo, tão consumido pela preocupação. A dor das perdas, a visão dos meus amados em ruínas, os planos perversos de meus acusadores, todas essas coisas quebram sobre mim. Como posso não ficar com medo?

Pai, dê-me olhos que não vejam e ouvidos que não ouçam. Deixe-me cego para o exército que está acampado contra mim e me faça surdo para suas ameaças. Mortifica minha carne para minha dor que aumenta. Assim como Tu endureceste os corações dos ímpios, endureça meu coração contra as obras do maligno.

Conceda-me a mesma resiliência que Tu destes a Seus profetas quando prometestes: "Tornarei a sua testa como a mais dura das pedras, mais dura que a pederneira. Não tenha medo deles, nem fique apavorado ao vê-los, embora sejam uma nação rebelde". Fortalece a minha fé, Senhor, para que que não seja destruída e faça com que as flechas de meus perseguidores caiam ao chão.

# Não se Preocupe

*"Quem de vocês, por mais que se preocupe, pode
acrescentar uma hora que seja à sua vida?*

**Mateus 6:27**

Todos nós temos experimentado tragédias repentinas, mas se
nós soubéssemos de antemão o que nos aconteceria com
certeza ficaríamos cheios de todos os tipos de ansiedade. Nós
não sabemos o que o amanhã trará e isso é uma graciosa
misericórdia de Deus. Se cada aflição fosse por nós conhecida
de antemão não poderíamos suportá-las. Cada dia tem
problemas suficientes, e nós, pela graça de Deus, só podemos
dar o nosso melhor para encarar os problemas de cada dia.

Em uma aflição prolongada, nossos corações podem ser
influenciados pelo medo constante do que está por vir. "Será
que vai piorar?" Será que vou sofrer ainda mais perdas?" Será
que Deus será misericordioso e irá restaurar?" Alguns
argumentam que a perda repentina é preferível à perda lenta
de algo que amamos. Pois, enquanto esperamos, ficamos
divididos entre o deixar ir e o desejo de continuar.

Satanás suspeita que nós podemos estar firmes diante de uma
tragédia inesperada, já que quando uma calamidade ocorre
não podemos fazer mais nada. Nós devemos, portanto,
somente suportar o fardo. Ainda assim, nosso inimigo sabe
que em um sofrimento prolongado temos tempo para duvidar
do amor de Deus. Nosso acusador planeja nos colocar em uma
panela e lentamente aquecê-la para uma rápida fervura. Nós,
então, assumimos que nunca iremos escapar e tememos que

algo pior certamente virá. Começamos a duvidar da soberania de Deus e de Seu cuidado por nossas vidas.

O que é que nos preocupa tanto em tempos de sofrimento? O que podemos mudar através de nossas meditações infrutíferas? Será que é a aflição atual que torna a provação insuportável ou é nossa imaginação que nos aflige mais? No que meditamos que nos torna tão amedrontados? Que conforto estamos tão temerosos em perder? Se mergulharmos mais fundo, que falta de fé nos leva a tal ansiedade?

Estamos com medo de perder nossa saúde por causa de uma doença ou deficiência? Tememos perder as muitas armadilhas materiais deste mundo? Tememos a perda da liberdade, sofrer aprisionamento ou ser sentenciados a morte? Nos preocupamos que nunca mais veremos um ente querido novamente? Por que somos tão desproporcionalmente ligados a estes se comparado com nossa ligação a Cristo? Se realmente fomos crucificados para este mundo, estas perdas nos preocupariam mais do que perder a Deus?

Nossa ansiedade nos mostra, infelizmente, o que nós mais valorizamos. Muitos rebatem: "Está certo que eu me preocupe com o bem estar de meus entes queridos." Sim, mas em que ponto nossa preocupação se torna preocupação pecaminosa. Quando esta ansiedade expõe que nosso amor por eles é maior que nosso amor por Cristo?

Será que nossa preocupação realmente nos deixa incapacitados? Somos consumidos por dias, meses, até mesmo anos meditando sobre perdas passadas ou futuras dificuldades. E que bem isso faz, meu querido irmão ou irmã? Que mudança podemos realizar em eventos que estão fora de nosso controle? Qual é o proveito de viver no passado? Qual é o ganho em se preocupar acerca do futuro?

Alguns podem argumentar: "Oh, mas você não experimentou o tipo ou nível de perda que eu sofri." Pode ser, mas Cristo não sofreu todas as coisas... e ainda assim sem preocupação? Ele não perdeu todas as coisas? Ele não ficou desabrigado? Ele não ficou com fome? Ele não foi abusado e amaldiçoado por outros? Ele não foi erroneamente condenado? Seus melhores amigos não o abandonaram em Sua hora mais sombria? Ele não foi crucificado e morto? Em toda sua aflição, "na luta contra o pecado, vocês ainda não resistiram até o ponto de derramar o próprio sangue." (Hb 12.4)

Uma arrogância subjacente pode surgir durante as provações. Nós podemos acreditar que somos especiais porque somos afligidos. Pensamos: "Certamente nenhuma outra pessoa sofreu tanto quanto eu?" Nós gostamos de jogar a "Carta da Vítima" para que outros sintam pena de nós e nós amamos usar a "Camisa do Sobrevivente" para que os outros admirem nossa força e bravura. Mas veja quão humildemente nosso Senhor sofreu. Ele, sem reclamar, sofreu a morte em nosso lugar. Ele não tomou nenhuma glória para si mesmo, mas direcionou toda a glória ao Pai.

E o que nossa preocupação revela a não ser nossa falta de confiança em Deus? Eventualmente percebemos (e corretamente) que a maior parte das coisas estão fora de nosso controle. Ao invés de confiarmos em um soberano Deus escolhemos nos preocupar.

Para aliviar nossa ansiedade tentamos corrigir nossa situação de qualquer forma. Começamos a retirar água de nosso barco que está afundando ao invés de confiar no nosso Messias. O mais provável é que estamos resistindo ao que Deus ordenou e ao invés de confiar nEle no deserto estamos resmungando e reclamando. Continuamente lutamos e descobrimos que estamos afundando ainda mais na areia movediça. E por nossa constante preocupação, provamos que somos de pouca fé.

Caro crente, Deus conhece suas lutas e medos. Ele vê sua aflição. Ele sente sua dor. Ele está completamente ciente de suas perdas. "Seu Pai sabe do que vocês precisam, antes mesmo de o pedirem" (Mt 6.8). A nós, Ele simplesmente diz: ""Homem de pequena fé, por que você duvidou?" (Mt 14:31) Deus deseja que confiemos nEle mesmo no meio desta tempestade.

Isaque poderia facilmente ter se tornado um ídolo no coração de Abraão conforme ele gradualmente foi colocando todas as suas esperanças nEle. Então, Deus pediu a ele que oferecesse seu filho como um sacrifício. Mas como Abraão foi capaz de fazer tal coisa? Como ele não ficou irado que Deus exigiu tamanha atrocidade? Como Deus poderia cumprir suas promessas se ele matasse o filho da promessa? Como que Abraão não ficou dominado pelo medo pelo bem estar de seu filho? Como? Porque ele sabia que seu filho era um presente de Deus. Deus deu e Ele pode tomar. E por saber disso Abraão foi liberto de todas essas preocupações.

"Do Senhor é a terra e tudo o que nela existe, o mundo e os que nele vivem" (Sl 24.1). Nós, na verdade, não possuímos nada, a não ser nossa fé. Nós nunca nos preocupamos com as posses de outras pessoas, então por que deveríamos nos preocupar com o que pertence a Deus? Este fardo da preocupação não é legalmente nosso. Devemos confiar todas as coisas ao Seu cuidado e prerrogativa. Deveríamos cessar com o luto por bênçãos temporais quando porquanto Deus "nos abençoou com todas as bênçãos espirituais nas regiões celestiais em Cristo" (Ef 1:3).

Esteja confiante de que qualquer coisa que você entregar a Deus nesta vida não "deixará de receber, na presente era, muitas vezes mais, e, na era futura, a vida eterna" (Lc 18:30). Por nossa confiança nEle, receberemos bênçãos muito melhores do que comida, lares ou até mesmo entes queridos. "A eles darei, dentro de meu templo e dos seus muros, um memorial e um nome melhor do que filhos e filhas, um nome eterno, que não será eliminado" (Is 56:5).

# Não Tema

*"E ele respondeu: 'Ouvi teus passos no jardim e fiquei com medo, porque estava nu; por isso me escondi.'"*

**Gênesis 3:10**

O Medo é estranho a Deus. Nem o Pai, nem o Filho e nem o Espírito tem medo. Medo é o produto do pecado e somente aqueles que se rebelaram contra Deus vivem com medo. O homem, em perfeita comunhão com Deus, também não tem medo.

Antes que nossos pais desobedecessem, eles desfrutavam de conversar com o Senhor. Mas quando eles pecaram se esconderam de Sua presença. Nós, da mesma forma hoje, sentimos medo porque não andamos em perfeita união com nosso Pai.

Ainda assim, embora eu saiba disso ainda estou cheio de medo. Sua palavra diz: "No amor não há medo; ao contrário o perfeito amor expulsa o medo, porque o medo supõe castigo. Aquele que tem medo não está aperfeiçoado no amor" (1Jo 4:18). Assim, pela presença do medo, Eu provo a mim mesmo que não permaneço em Seu amor. Eu mostro que não creio nEle ou confio em Sua providência. Eu tento ser destemido por pura força de vontade somente, mas nunca é suficiente. Eu sou constantemente bombardeado por pensamentos ansiosos.

Medo é como qualquer outro pecado, e pensamentos temerosos funcionam como qualquer outra tentação. Os pensamentos que levam ao medo se originam em uma fonte externa. Os inimigos lançam ameaças da mesma forma que a mulher adúltera seduz com palavras. Quando dou atenção às palavras dela, elas se extrapolam em pensamentos perversos. E quanto mais medito nelas mais sou levado ao pecado. O medo também é assim. Se eu continuar ruminando sobre o mal que poderá vir sobre mim, sou seduzido pelo medo e quanto mais medito nessas ideias mais temeroso me torno.

Assim como o adultério não acontece de repente, a preocupação também não. Somos seduzidos pelo medo da mesma forma que somos atraídos pela luxúria. "Então esse desejo, tendo concebido, dá à luz o pecado, e o pecado, após ter se consumado, gera a morte" (Tg 1.15). Meditar sobre ideias temerosas é tão perverso quanto qualquer outra ofensa a Deus. Sabemos quão pecaminosa a luxúria é, porém somos duplamente cegos para a perversidade do medo. Justificamos nossa ansiedade ao invés de confessar sua pecaminosidade.

O homem caído é tão naturalmente disposto ao medo como é à cobiça e é fácil ser consumido por ambos. Assim como a sensual adúltera tenta com a luxúria, também nosso astuto adversário nos enreda com o medo. É uma fantástica arma de Satanás, pois se os filhos de Deus estão amedrontados eles não poderão permanecer firmes contra ele. Enquanto o medo habitar nossos corações não encontraremos refúgio em Deus. Ao invés de correr para os braços de nosso Pai corremos e nos escondemos dEle.

Quando estamos com medo, no que estamos pensando? Estamos focados em nosso Deus que detém todo poder e sabedoria? Estamos pensando sobre o quanto nosso Pai nos ama? Consideramos o Supremo Pastor que entregou Sua vida por nós? Ou estamos pensando sobre o que outros possam fazer, que mal virá, que bens materiais podemos perder, que outra aflição poderemos sofrer?

Satanás deseja que os embaixadores de Deus fiquem incapacitados pela ansiedade, pois quando nós tememos não confiamos naquEle que garante a vitória. Por nosso próprio poder não podemos derrotar os poderes das trevas. Enquanto confiarmos em nós mesmos seremos derrotados.

Você deve, portanto, capturar cada pensamento temeroso e imediatamente "Lançar sobre ele toda a sua ansiedade, porque ele tem cuidado de vocês" (1Pe 5.7). Reconheça que Satanás já está derrotado, pois "somos mais que vencedores, por meio daquele que nos amou" (Rm 8.37).

Ao invés de permitir que nossas mentes sejam atacadas por perspectivas assustadoras devemos decididamente entregar nossos medos a Deus. E uma vez que tenhamos transferido a posse dessas preocupações devemos decidir nunca mais considerá-las novamente. Quando vendemos um bem terreno por acaso incomodamos o novo dono acerca dele? Nos preocupamos com seu estado depois que foi vendido? Claro que não. Nós desistimos de nossa reivindicação e não é mais nosso para nos preocuparmos.

Da mesma forma, quando entregamos nossos medos a Deus não podemos tomá-los de volta. Essas preocupações não são mais nosso direito. Não roube as suas preocupações de volta de Deus. É um insulto não confiar seu bem-estar a Deus. Se você começar a se sentir amedrontado leve "cativo todo pensamento, para torná-lo obediente a Cristo" (2Co 10:5). Não medite nestes pensamento nem por um segundo. Não permita que eles deem a luz à preocupação.

"Não se amoldem ao padrão deste mundo, mas transformem-se pela renovação da sua mente, para que sejam capazes de experimentar e comprovar a boa, agradável e perfeita vontade de Deus" (Rm 12.2). Preencha sua mente com as promessas de Deus. "Finalmente, irmãos, tudo o que for verdadeiro, tudo o que for nobre, tudo o que for correto, tudo o que for puro, tudo o que for amável, tudo o que for de boa fama, se houver

algo de excelente ou digno de louvor, pensem nessas coisas"
(Fp 4.8).

# Confie em Deus para Liderar

*"Eu sei, Senhor, que não está nas mãos do homem o seu futuro; não compete ao homem dirigir os seus passos."*

**Jeremias 10:23**

Qualquer que seja a direção que pensamos que nossa vida estava tomando ela foi abruptamente desviada. Estávamos em paz e tínhamos planos para o futuro. Pensávamos que hoje seria o mesmo que ontem. Mesmo assim, uma tragédia repentina acontece e todos os nossos planos são destruídos. As preocupações triviais que tínhamos imediatamente desaparecem, pois agora sofremos uma perda substancial, uma dor terrível e novos ataques dos inimigos.

Não existe medo pior do que pensar que Deus nos abandonou como órfãos, que devemos de alguma forma arrumar nossa calamidade por nós mesmos ou lutar nossas batalhas sozinhos. Confiar em nossa própria força nos traz pouca segurança, pois "quem confia em si mesmo é insensato" (Pv 28.26). E pensar que outros podem resolver nossos problemas oferece pouca esperança, pois "é melhor buscar refúgio no SENHOR do que confiar nos homens" (Sl 118:8).

Eu encontrei somente um conforto enquanto atravessava o vale de trevas, um Deus soberano que dirige meus passos. Eu não posso ver além do horizonte. Eu não faço ideia do que o amanhã trará. Uma grande neblina paira ao meu redor e eu não posso ver o que está a dois passos à frente. Eu sou forçado a dar um passo de cada vez, sem mesmo estar seguro de qual caminho seguir. Graciosamente, porém, tenho um Pai amoroso que guiará o meu caminho. Tudo o que tenho que fazer é seguir a Sua voz.

Eu não presumo saber por que esta específica provação aconteceu. Será que Deus me levou a este vale intencionalmente ou isso foi um desvio, obra de Satanás ou de um homem pecador? Deus controla tudo ou Ele usa o mal para o bem para mostrar Seu soberano poder e sabedoria incomparável? Eu não sei e isso não é importante, pois essas considerações são "coisas tão maravilhosas que eu não poderia saber" (Jó 42:3).

Pode ser que eu estivesse tentando dirigir meus próprios passos. E já que o cajado do Pastor se mostrou ineficaz Ele utilizou a vara para me bater de voltar para o Seu caminho. Ou talvez eu tenha seguido fielmente a voz do Pastor, mas as feras conseguiram se infiltrar para devorar. Se for o caso, eu devo simplesmente permanecer firme contra os lobos raivosos.

Eu não sei qual é e desisti de tentar descobrir. Eu só sei que eu não possuo a sabedoria para dirigir meu caminho, quanto mais o próximo passo. Tudo o que eu sei é que somente Deus tem a sabedoria, o poder e o cuidado necessários para me guiar através desta incrível hora sombria.

Onde Deus está me levando? Eu não faço ideia. Eu vasculhei meu coração e desisti do pecado. Eu abandonei minhas afeições por tudo, exceto por Ele. Eu entreguei todas as coisas e todas as pessoas aos Seus cuidados. Mas o que Ele fará e onde Ele me levará está além da minha alçada.

Você realmente não pode fazer nada, mas "confie no Senhor de todo o seu coração e não se apoie em seu próprio entendimento" (Pv 3.5). Devemos simplesmente ser fiéis. Isso é tudo o que podemos fazer, dar cada pequeno passo em completa confiança onde quer que Ele nos leve. Independentemente se Ele nos afligir com doença ou nos curar, se Ele der ou tirar, se Ele nos resgatar ou permitir que nossos inimigos triunfem, só podemos ser fiéis a Ele até o fim.

Este é, sem dúvida, um mundo cruel, e os tempos são, de fato, maus. Mas nosso Deus é bom. Seu Filho exala compaixão. Nós devemos humildemente entregar cada passo nosso a Seu direcionamento e confiar a nós mesmos ao Seu cuidado. Portanto, "Seja forte e corajoso! Não se apavore, nem desanime, pois o SENHOR, o seu Deus, estará com você por onde você andar" (Js 1:9). Confie em Deus para levá-lo a cada minuto de todo dia pelo resto de sua vida.

# Aprenda a Ouvir

*"As que caíram sobre as pedras são os que recebem a palavra com alegria quando a ouvem, mas não têm raiz. Creem durante algum tempo, mas desistem na hora da provação. "*

**Lucas 8:13**

Jesus deu um aviso solene àqueles que desejavam Seu senhorio com avidez superficial. Muitos de nós estão felizes por aceitar as boas novas da salvação, mas nossa fé tem insuficiência de nutrientes que nos protegem contra as tempestades e secas da vida. Estamos prontos para ouvir a palavra de Deus, mas ela não penetra fundo o suficiente para estabelecer raízes fortes. Nossa fé em Deus está apenas na superfície.

Por que é que nós proibimos a palavra de Deus de penetrar nossos corações? Não é porque escolhemos ouvir somente aqueles ensinamentos que mimam nossos desejos egoístas? Ficamos alegres por aceitar o gratuito presente da salvação enquanto não houver nenhuma exigência, mas quando o custo do discipulado exige abandonar nossa vontade e a aniquilação do eu, nosso entusiasmo rapidamente se dissipa.

Devemos prestar atenção a como ouvimos, não somente o que ouvimos. Muitos crentes com excelente educação caem durante tempos de tentação e dificuldades. Eles parecem ter aparência de piedade, mas eles são estéreis, mortos e imunes à obra do Espírito Santo. Não foi sua ignorância da palavra de

Deus que os levou a queda, mas foi seu coração teimoso que os tornou surdos.

Quando considero o que intelectualmente sei acerca da palavra de Deus percebo o quanto dela eu evitei que encharcasse meu coração. Eu repudiei aquelas verdades que não se alinhavam com minhas predefinições de Deus e de mim mesmo. Eu cri pouco em Suas promessas e ainda menos em seus avisos. Mesmo embora eu possa ter lido Sua palavra vez após vez suas verdade caíram sobre ouvidos incircuncisos.

Esta negação voluntária da realidade não é nada mais do que descrença. Podemos discutir que nós simplesmente não compreendemos ou que o Espírito de Deus ainda não revelou, mas o fato é: nós não queríamos ouvir. Nós desejávamos o Deus de nossa própria criação. Nós desejávamos os mandamentos que não nos impugnavam. Nós desejávamos a Jesus como Salvador, mas não como Senhor.

A beleza das aflições é que elas revelam nossos corações. Nossa luta interior mostra que o "velho homem" ainda não foi crucificado. Nossas dúvidas e medos demonstram nossa desconfiança em nosso Pai. Nós gostamos de ouvir sobre as bênçãos que Deus concede, mas quando Ele permite o mal perdemos nossa confiança nEle. Contrariamente, podemos nos acovardar sob a santa ira de Deus e abandonar a esperança e qualquer graça salvadora. Então, ou nós desconfiamos do imensurável amor de Deus ou desaprovamos Sua disciplina.

Quando a semente da palavra de Deus cai sobre o nosso solo deve tomar raiz e se espalhar fundo em nossos corações. Suas verdades revelarão as mentiras e os outros senhores nos quais nos agarramos. A palavra de Deus ficará em claro contraste com nosso próprio engano. E se nós humildemente nos submetermos à Sua vontade Ele abrirá os ouvidos de nossos corações para a realidade.

"Portanto, considerem atentamente como vocês estão ouvindo. A quem tiver, mais lhe será dado; de quem não tiver, até o que pensa que tem lhe será tirado" (Lc 8.18). Se taparmos nossos ouvidos para a verdade e Sua obra em nossos corações, qualquer fé que tenhamos, por menor que seja, irá murchar até que não mais exista.

Sofrimento, tentações, provações e perseguições são as tempestades e o clima severo que testa a dureza do nosso solo. Mudas imaturas rapidamente murcham na adversidade, mas a madeira madura pode suportar o calor opressivo, longas secas, chuvas pesadas e ventos turbulentos. Deus realiza isso para testar e aumentar nossa saúde se nós permitirmos que Ele administre nossos corações. Portanto, "a perseverança deve ter ação completa, a fim de que vocês sejam maduros e íntegros, sem lhes faltar coisa alguma" (Tg 1.4). Não podemos mudar o clima, portanto devemos aprofundar nossas raízes para encontrar sustento em Cristo.

Se nossos corações estiverem calejados e nossos ouvidos permanecerem incircuncisos, nossa fé irá secar gradualmente. A verdade de Deus deve estar profundamente enraizada em nossos corações. A luz de Cristo deve estimular nosso crescimento. Sua água viva deve ser nosso refrigério. E seu maná deve ser nosso constante alimento. Devemos, portanto, ouvir, crer, confiar, ser pacientes e continuamente extrair toda nossa força dEle.

# A Consciência é Mentirosa

*"Sendo assim, aproximemo-nos de Deus com um coração sincero e com plena convicção de fé, tendo os corações aspergidos para nos purificar de uma consciência culpada, e tendo os nossos corpos lavados com água pura."*

**Hebreus 10:22**

Uma consciência má pode ser tão destrutiva quanto um coração orgulhoso. O ímpio possui uma consciência cauterizada que está endurecida contra as obras do Espírito Santo. Elas estão imunes à justa lei de Deus e nenhuma verdade irá levá-las ao arrependimento. Ainda assim muitos crentes estão sobrecarregados com uma consciência condenadora, não regenerada tão perversa quanto os ímpios. Em ambos os casos, o homem carnal e o cristão nascido de novo possuem uma consciência que continua intocada pelo sangue de Cristo.

Muitos fiéis e crentes devotos permanecem em relacionamentos abusivos com suas consciências. O cristão luta contra a carne governada pelo pecado e sofre contínua condenação por parte de sua perversa consciência. E da mesma forma que nós não esperamos que um crente seja completamente sem pecado em sua caminhada, também não devemos esperar que sua consciência esteja livre do erro enquanto ela permanece afetada por sua natureza pecaminosa.

A consciência maligna do homem erra em dois extremos. A consciência tenta, em primeiro lugar, fugir do Espírito da verdade no que diz respeito ao pecado, a justiça e ao juízo, mas quando o Espírito condena com sucesso um homem sua consciência começa a condená-lo ainda mais. Cada posição demonstra a perversidade de nossa consciência. Quando a consciência pode ignorar as instigações do Espírito ela enganosamente conforta o crente, mas quando o Espírito chega para confortar o crente a consciência se levanta para enganosamente condená-lo.

Os ímpios simplesmente ignoram a convicção do Espírito e continuam suas vidas livres da culpa e da vergonha, mas o piedoso pode ser constantemente bombardeado com a culpa. Este segundo estado, em minha experiência, é mais miserável do que o primeiro. Os olhos do coração foram abertos para a verdade, mesmo assim a consciência persiste no engano. A realidade da justificação completa por meio de Jesus Cristo não tem impacto duradouro sobre tal crente. Ele vê todas as leis de Deus como outro fardo, outra chance de fracasso e outra razão para o desespero. Nenhuma parte das Escrituras parece livrar este crente da condenação da consciência e até mesmo as palavras de Jesus "Eu também não a condeno" (Jo 8:11) caem em ouvidos surdos.

Uma consciência maligna é uma mentirosa e filha do acusador. Quando Deus diz: "agora já não há condenação para os que estão em Cristo Jesus" (Rm 8:1) a consciência perversa diz: "Mas você ainda está condenado." Quando a Bíblia afirma: "Pois estou convencido de que nem morte nem vida, nem anjos nem demônios, nem o presente nem o futuro, nem quaisquer poderes, nem altura nem profundidade, nem qualquer outra coisa na criação será capaz de nos separar do amor de Deus que está em Cristo Jesus, nosso Senhor" (Rm 8:38-39), nossa consciência enganadora sussurra: "Mas Ele não te ama de verdade." Quando as Escrituras afirmam: "Se confessarmos os nossos pecados, ele é fiel e justo para perdoar os nossos pecados e nos purificar de toda injustiça" (1Jo 1.9), a consciência mentirosa dentro de nós diz: "Exceto os seus pecados mais grotescos." Não existe fim para o engano de uma consciência maligna. Irá espancar o crente na vergonha, roubá-lo de toda a paz e afugentar toda alegria.

Assim como nós precisamos nascer de novo e assim como nós precisamos de um novo coração e espírito, nossa consciência deve ser renovada por Deus. Cada parte de nós necessita de regeneração já que todo nosso ser é caído e corrupto. O coração deve ser trocado, o Espírito deve ser dado, o corpo deve ser ressuscitado incorruptível e a consciência deve ser limpa pelo sangue de Cristo. Nada é deixado de fora na redenção de Deus da humanidade.

Nós não podemos nascer de novo por nossa própria vontade, nem podemos tomar para nós mesmos um novo coração e espírito. Isso é a obra regeneradora de Deus. Assim, não podemos limpar nossa consciência maligna por nós mesmos e por nosso próprio poder. A remoção de uma consciência culpada é obra de Deus sobre o coração do crente. Devemos somente nos submeter a sua terna mão e dar acesso a Seu Espírito confortador.

Mesmo "quando o nosso coração nos condenar. Porque Deus é maior do que o nosso coração e sabe todas as coisas" (1Jo 3:20). Mesmo quando um crente não pode aceitar que todos os seus pecados foram perdoados, o fato é que eles foram. Assim, nossos corações devem se submeter a Deus e nossas mentes a verdade de sua palavra revelada.

Em oposição às mentiras de nossa consciência devemos de todo coração aceitar e crer no que Deus diz. Deus declara ser um Pai amoroso. Jesus diz ser o bom Pastor. A expiação de Cristo satisfez completamente a ira de Deus quanto ao pecado. Deus é fiel e cumpre suas promessas. Deus é justo e o justificador dos ímpios. Ele, de fato, nos purifica de toda injustiça. Não há condenação para aqueles que estão em Cristo Jesus. Não há nada que possa nos separar do amor de Deus.

Satanás e sua consciência perversa irão reclamar e gritar para invocar a condenação de Deus. Contudo, assim como os profetas de Baal ninguém irá ouvir e ninguém responderá. Mas quando depositamos nossa culpa sobre o altar, colocamos nossa vergonha em suas valas e clamamos ao Deus de todas as misericórdias, Ele envia Seu fogo para consumir nossa culpa e lamber os restos de nossas desgraça. Queridos irmãos e irmãs, esqueçam a audiência com o diabo e mantenha seu ouvido surdo para sua consciência maligna. Creia em Deus e ouça somente as Suas palavras.

# O Poder de uma Mentira

*"Vocês pertencem ao pai de vocês, o Diabo, e querem realizar o desejo dele. Ele foi homicida desde o princípio e não se apegou à verdade, pois não há verdade nele. Quando mente, fala a sua própria língua, pois é mentiroso e pai da mentira."*

**João 8:44**

Os fariseus queriam matar Jesus porque eles se recusavam a aceitar a verdade. Mesmo hoje, aqueles que ainda não aceitaram a Jesus Cristo se agarram à falsidade e rejeitam a realidade. A grande mentira de Satanás continua a ser consumida pela humanidade sem moderação. A falsidade é uma doença passada de pai para filho e se espalha por todo o mundo como um vírus.

Embora nós demos pouca atenção às mentiras, uma só carrega poder suficiente para destruir milhões de vidas. A serpente não usou espada nem lança para assassinar nossos pais. Ela simplesmente usou palavras, pequenos questionamentos e sugestões insignificantes temperadas com meia-verdades. Nossos pais sucumbiram ao questionar o caráter de Deus quando aceitaram a mentiras que eles também poderiam ser deuses autônomos e tinham direito à glória divina. Baseados nesta premissa eles afirmaram sua própria visão da verdade. Eles rejeitaram a realidade de Deus para promover sua obstinada ilusão e esta mentira trouxe morte para toda a humanidade.

Quando você ouve a respeito de todo o mal propagado pelo homem, quando você vê toda dor e sofrimento, e conforme você considera sua presente aflição, compreenda que estas maldades são subproduto de uma mentira. Aquela mentira no jardim tem produzido uma colheita de mais mentiras, mais dor e mais condenação. Todas essas mentiras, quando colocadas juntas, criam o mundo caído no qual agora vivemos. Quão poderosa é uma mentira!

Jesus argumentou corretamente que a rejeição da verdade é o precursor do assassinato. As mentiras se originam no maligno e por as aceitarmos provamos que somos filhos do diabo. Quando aceitamos, inconscientemente concordamos com o adversário e, portanto, permanecemos em oposição a Deus e Sua verdade. Já que a falsidade não tem lugar na verdade, como as trevas não existem na luz, da mesma forma o engano tenta extinguir a verdade. E se a verdade não pode ser silenciada, mentirosos exterminarão os arautos da verdade.

Não foi o nosso Senhor assassinado baseado em engano e falsidade? O sofrimento não é a consequência das mentiras? Alguns são invejosos e acreditando que eles têm o direito de ter o que os outros têm, eles enganam, roubam e matam. Alguns não podem aceitar sua humilde posição, então eles fofocam e difamam. Alguns não conseguem lidar com a dor, então eles destroem as vidas de outros para preencher sua lascívia. E alguns ainda se recusam a honrar a Deus, então eles se iram contra o evangelho e lutam para enfraquecer a igreja. Todo pecado pode ser traçado de volta para uma mentira, pois uma mentira precisa ser acreditada antes que alguém transgrida. O nascimento do pecado é concebido no útero das mentiras.

Nós, portanto, sendo amantes da verdade de Deus, devemos fazer todo o esforço para apoiar a realidade concernente a Deus, a nós mesmos e ao mundo. Devemos acordar para a perversidade do engano e o destruidor poder que uma mentira tem. Devemos aprender a distinguir entre a verdade e a falsidade apelando para o padrão da revelação de Deus. Devemos esforçar-nos por ser embaixadores da verdade, destruindo "argumentos e toda pretensão que se levanta contra o conhecimento de Deus, e levamos cativo todo pensamento, para torná-lo obediente a Cristo" (2Co 10.5). Deste ponto em diante, vamos ser honestos com nós mesmos, outros, e nosso Pai que está nos céus.

# Adicione mais Fé

*"Consequentemente, a fé vem por se ouvir a mensagem, e a mensagem é ouvida mediante a palavra de Cristo."*

**Romanos 10.17**

Fé é a consequência da verdade do evangelho aceita por um coração aberto da pessoa escolhida. Contudo, se o coração continua fechado, a pregação de Cristo cairá sobre ouvidos surdos. Por outro lado, se o Senhor abrir o coração, mas o ouvido não escutar a mensagem de Cristo, a fé nunca ocorrerá (cf. At 16:14).

"Como são belos os pés dos que anunciam boas novas!" (Rm 10:15) Sem estes mensageiros, ninguém pode chegar à fé em Cristo como está escrito: "E como crerão naquele de quem não ouviram falar? E como ouvirão, se não houver quem pregue?" (Rm 10.14)

A justificação pela fé em Cristo é condicionada à receita da mensagem do evangelho. Ninguém chega à fé sem ouvir a palavra de Deus. Assim como Cornélio foi claramente escolhido por Deus, ele não poderia crer e ser salvo até que Pedro entregasse a mensagem a ele. O homem é escolhido por Deus, então chamado através do evangelho e então (somente então) o coração aberto pode crer na palavra para salvação.

Considerando como ninguém é salvo sem ouvir o evangelho deveríamos perceber quanta autoridade Deus deposita em Sua palavra. Por uma só palavra Ele formou os céus e a terra. Sem rebuscados gestos de mão ou ginástica espiritual. Não, Ele simplesmente falou e aconteceu. O poder da palavra de Deus deveria nos humilhar em medo reverente e admiração. Deus está satisfeito em "salvar aqueles que creem por meio da loucura da pregação" (1Co 1.21b). Mas nós muitas vezes deixamos sua palavra de lado para perseguir experiências emocionais ou doutrinas sem valor.

A verdade seja dita: Nossos corações enganadores estão aterrorizados pela palavra de Deus. Pois, se a verdade toma residência permanente em nossa alma, é somente uma questão de tempo até que o pecado seja exposto. A luz expulsa as trevas, assim a verdade de Deus erradica a falsidade. "Quem pratica o mal odeia a luz e não se aproxima da luz, temendo que as suas obras sejam manifestas" (Jo 3.20). Evitar a palavra de Deus é a razão pela qual muitos falham em crer ou reter a fé em Cristo.

Assim como a fé vem pelo ouvir, assim o aumento da fé resulta de um aumento no ouvir. A palavra de Deus é o sangue vital da fé. Onde há pouco conhecimento há pouca fé e ainda menos compreensão. Se conhecemos pouco a Cristo, cremos pouco nEle, confiamos pouco nEle e temos pouca esperança nEle.

O medo dos discípulos de Cristo era devido a sua fé miniatura e sua fé fraca era devido a sua ignorância de Cristo. Contudo, depois que eles vieram a verdadeiramente conhecê-lo e quem Ele realmente era, o medo foi lançado fora e com ousadia eles enfrentaram a perseguição.

Meu querido irmão e irmã, se nós desejamos ousadamente encarar nossas aflições devemos conhecer o Pai e o Seu Filho, Jesus Cristo. "Ninguém conhece o Filho a não ser o Pai, e ninguém conhece o Pai a não ser o Filho e aqueles a quem o Filho o quiser revelar" (Mt 11:27). Para realmente conhecer o Filho devemos conhecer o que Ele disse e o que Ele fez.

Assim como não podemos ter um amigo íntimo que conhecemos pouco, nós não podemos ser íntimos de Cristo sem conhecê-lo mais intimamente. Cristo deveria ser nosso mais querido amigo, não apenas um conhecido.

"Meu povo foi destruído por falta de conhecimento. Uma vez que vocês rejeitaram o conhecimento, eu também os rejeito como meus sacerdotes; uma vez que vocês ignoraram a lei do seu Deus, eu também ignorarei seus filhos" (Os 4.6), Que não seja falado a nosso respeito que nós rejeitamos o conhecimento de Deus ou nos esquecemos da lei de Cristo.

Muitos hoje são ovelhas infantis, plantas sem raiz e árvores sem frutos por causa de sua voluntária ignorância, mas eu confio que você, querido leitor, não é desse tipo. Portanto, não sejamos bebês contentes com leite espiritual, mas vamos consumir alimentos substanciais por meio dos quais nós podemos amadurecer. Se você deseja uma fé adulta você deve ter uma dieta constante da palavra de Deus. Suplementos somente não são suficientes.

Como cristãos nós temos somente uma arma ofensiva contra os estratagemas de Satanás, que é "a espada do Espírito, que é a palavra de Deus" (Ef 6.17). Qual é o tamanho de sua espada? É meramente uma adaga forjada de alguns sermões e pouco de Escritura? Ou sua espada é como uma poderosa Claymore, forjada dc Gêncsis até o fim da revelação de Deus em Apocalipse? Com que arma você preferiria lutar? Qual você acha que irá repelir Satanás? Com qual das duas você arriscaria sua vida eterna? E qual lhe trará vitória durante esta presente batalha?

# Nossa Viga Egoísta

*"Por que você repara no cisco que está no olho do seu irmão, e não se dá conta da viga que está em seu próprio olho?"*

**Mateus 7:3**

Em nossa tentativa usual de justificar a nós mesmos amplificamos as falhas dos outros e ignoramos nossas próprias faltas. Nós gritamos e berramos acerca das pequenas falhas dos outros enquanto nossos corações estão cheios de perversidade. Como o sujo falando do mal lavado ou jogando pedras de dentro de uma casa de vidros, nós, independente da realidade, desejamos que os outros desprezem os outros e ainda nos louvem. Nós fazemos isso para tirar a atenção de nossa própria corrupção.

Quando os tempos são bons, desejamos que o foco esteja sobre as falhas dos outros, e quando os tempos são maus imploramos para que os outros fixem no que nos aflige. Não muito tempo atrás estávamos contentes quando outros nos ignoravam, mas agora que a provação chegou exigimos a atenção de todos. Nós alegremente ignoramos o sofrimento dos outros, mas quando somos afligidos desejamos que todos simpatizem conosco. Não somos criaturas tristes que em tempos bons falhamos em simpatizar com outros, mas quando nossos dias são maus somos obcecados com nossa própria miséria?

Não é por isso que somos pecaminosamente retraídos em nós mesmos? "Quem pratica o mal odeia a luz e não se aproxima da luz, temendo que as suas obras sejam manifestas" (Jo 3:20). Mas quando as tribulações vêm desejamos que todas as nossas dificuldades sejam conhecidas. Anteriormente nos recusamos a reconhecer o imenso sofrimento dos outros. Ignoramos suas aflições e nossa própria depravação. Fomos cegados pela viga de nosso próprio egocentrismo. Que criaturas miseráveis nós somos!

É da nossa natureza caída virar-se para dentro durante a aflição e ignorar tudo fora de nós mesmos. Nos tornamos cegos para a angústia de outros e às bênçãos que ainda desfrutamos. Nossa dor e tristeza se torna nossa única realidade e não podemos enxergar nada mais. Nos falta a fé para reconhecer a graça e as inumeráveis bençãos de nosso Pai e nem O louvamos pelo fôlego de vida ou nossa segurança eterna. Nos esquecemos o quanto Seu Filho nos amou ao morrer em nosso lugar. Ao invés disso, como crianças mimadas, choramos e reclamamos por aquilo que pensamos ser nosso direito.

Talvez a intenção de Deus em permitir nosso presente sofrimento é que possamos acordar de nossa sonolência egocêntrica. Antes de eu ser afligido me importava pouco pelas crianças famintas, os sem-teto desprezados, as almas esquecidas na prisão ou os refugiados que ninguém queria. Contudo, agora reconheço que não importa quão ruim seja minha sorte, minha aflição ainda não é tão severa como a deles. Esta revelação me deixou de joelhos em ações de graças e abriu meu coração para interceder em seu favor.

Esta provação me despertou de meu sono pecaminoso. Agora eu enxergo minha disposição egoísta. Eu descobri a realidade da guerra espiritual que se enfurece contra o povo de Deus e como as forças de Satanás aterrorizam os mais vulneráveis e desamparados. Esta compreensão nunca teria acontecido se Deus não tivesse me afligido. "Mas aos que sofrem ele os livra em meio ao sofrimento; em sua aflição ele lhes fala." (Jó 36.15)

# Deus Remove para Nosso Ganho

*"É mais fácil passar um camelo pelo fundo de uma agulha do que um rico entrar no Reino de Deus."*

**Marcos 10:25**

Uma das bênçãos escondidas das dificuldades é que todas as nossas afeições são redirecionadas e o que é mais importante se torna perfeitamente claro. O véu que cobre nossos corações finalmente é removido, e, talvez, pela primeira vez nós enxergamos as gloriosas riquezas que possuímos em Cristo. Às vezes sofremos somente pelo tempo que leva para Deus expor nossa natureza dúbia.

Quando você sofre não parece que as preocupações da vida parecem triviais? Suas antigas preocupações não se provaram estúpidas? Você já lutou pelo sucesso, mas agora, sendo afligido, você percebe que isso não faz a menor diferença? Você costumava passar todo o seu tempo procurando confortos e prazeres, mas agora você não encontra alegria neles. Todas as suas esperanças terrenas e sonhos parecem sem sentido agora, não é mesmo?

Eu sei, no meu caso, eu não encontrei alegria em nada. Eu pouco ligava para comida e não podia me importar menos se minha carreira dava lucro. Eu descobri que o que me trazia conforto anteriormente não me trouxe alívio duradouro. O pecado se mostrou especialmente inútil. Eu não encontrei alegria e satisfação em nada.

Eu também pensei que se tivesse riquezas, abundância de bens materiais, sucesso, reputação, uma esposa amorosa e filhos saudáveis eu seria realmente feliz. Embora eu soubesse que os mais prósperos normalmente são infelizes, eu ainda pensava que poderia dar mais uma chance. Eu também, como o mundo ao meu redor, acreditei nessa mentira. Contudo, através da aflição eu descobri que todas essas buscas eram completa vaidade, uma corrida atrás do vento. Mesmo quando eu tinha todas essas bênçãos eu ainda estava descontente, insatisfeito e sem esperança.

O jovem rico era desse tipo. Ele ficou triste ao ouvir que ele tinha que abandonar suas riquezas para seguir a Cristo, pois Jesus sabia que suas posses eram seu grande tesouro. Embora Cristo não exija isso de cada discípulo, Ele ordenará que sacrifiquemos outros deuses sobre Seu altar. Aqueles com grande estima e confortos materiais terão dificuldade em abandonar essas coisas para seguir a Cristo. Ser próspero e admirado é uma posição perigosa e precária.

É a grande estratégia de Satanás nos rodear com alimento terreno para que nós não tenhamos fome e sede do Pão de Deus e da água da vida. O diabo enche nossas barrigas com calorias vazias para que não sintamos a fome de nossas almas. Mas Deus, porque nos ama, nos enviará de volta ao deserto para que aprendamos que "nem só de pão viverá o homem, mas de toda palavra que procede da boca do SENHOR" (Dt 8:3).

Por meio desta prova Deus fez o mesmo por você. Ele removeu seus confortos. Ele expôs a mentira do lucro mundano. Ele tirou a pessoa amada em quem você depositou muita esperança. Creia ou não, Ele tem te abençoado nisto se você pode enxergar.

Agora os seus olhos estão abertos. Agora você pode realmente ver. Agora você tem fome pela verdade e justiça. Agora nenhum pão terreno irá satisfazer seu apetite espiritual. Agora nenhuma água mundana irá saciar sua sede espiritual. Alegre-se por isso.

Seja agradecido que Deus te diz: "Torne insensível o coração deste povo; torne surdos os seus ouvidos e feche os seus olhos. Que eles não vejam com os olhos, não ouçam com os ouvidos, e não entendam com o coração, para que não se convertam e sejam curados" (Is 6.10). Alegre-se que você agora percebe a vaidade de todas aquelas coisas que você uma vez desejou. Você será feliz se enxergar a inutilidade do sucesso, reputação e prazer. Você será abençoado quando reconhecer a falácia desses outros deuses.

Abra seus ouvidos e ouça as mentiras que o mundo apregoa. Ouça cuidadosamente ao engano de seu próprio coração, então vire-se para "o caminho, a verdade e a vida" (Jo14:6). Infelizmente "são poucos os que a encontram" (Mt 7:14). Mas por causa de sua aflição você agora encontrou o Caminho.

"Acordem, bêbados, e chorem!" (Jl 1:5) Graças a Deus Ele te acordou de seu sono profundo, "porque outrora vocês eram trevas, mas agora são luz no Senhor" (Ef 5:8). Portanto, louve ao Senhor que te ama tanto. Louve a Jesus, pois nEle você encontrou eterna paz. E louve ao Santo "Conselheiro para estar com vocês para sempre" (Jo 14.16).

# O Amor de Deus Aflige

*"Pois o Senhor disciplina a quem ama, e castiga todo aquele a quem aceita como filho"*

**Hebreus 12:6**

Muitos de nossos problemas nesta vida acontecem por causa de nossos corações rebeldes e nosso amor por este mundo. Nosso Deus é um Deus ciumento e Ele não permitirá nenhum deus diante dEle no meio de Seus eleitos. Ele muitas vezes terá que desenraizar nossa lealdade dupla.

Assim como Israel que vez após vez era afligido por guerras por outras nações, nós também podemos sofrer aflições através das mãos de homens pecaminosos para nos salvar do caminha do pecado. E assim como Israel nós não compreendemos o porquê de tanta perseguição. Na verdade, nós nos agarramos ao orgulho, argumentando que temos sido justos, que o que Deus está permitindo é injusto e sem amor.

Mas, oh querido irmão e irmã, Deus conhece nossos corações muito melhor, infinitamente mais profundamente do que nós podemos imaginar. Nós, como em uma densa neblina, enxergamos meramente a superfície de nossas almas enquanto Deus mergulha em suas profundezas.

Quando a aflição chega, nós não nos desesperamos e clamamos imediatamente por libertação? Nós não tentamos barganhar com Deus que se Ele nos livrar de nosso sofrimento nós iremos ser fiéis em todas as coisas? Mas Deus conhece nossa teimosia, nossos corações duros mais do que nós mesmos. Pois, quando a perseguição chega, quando Deus remove nosso conforto, quando somos ameaçados de perder nossa vida e liberdade, nós não nos viramos primeiramente para os nossos confiáveis falsos deuses por alívio?

Talvez nosso deus seja o álcool e quando os problemas surgem nos viramos para a garrafa? Ou talvez nos entreguemos à luxúria sexual para escapar do estresse? Talvez busquemos por alguma distração ou perseguimos outro bem mundano. Seja lá qual for a primeira coisa para a qual a gente se vire, sem pensar, seja lá o que você faz quase que instintivamente para aliviar a dor, isto, meus amigos, é o seu outro deus.

Eu sei por minha própria experiência que o prazer era meu primeiro amor. Eu posso ter erradicado outros deuses, mas este deus, este pecado, não seria removido de seu trono em meu coração por meu próprio poder. Por todos os meus anos eu posso ter oferecido menos frequentemente sacrifícios em seu altar, mas ele nunca foi arrancado. Sempre esteve lá, empoleirado no meu telhado, só para o caso de eu precisar dele novamente.

Mas os Assírios vieram e sitiaram minhas muralhas. Eu ofereci em vão outro sacrifício sobre seu altar, mas não teve nenhum efeito. Nenhuma ajuda veio. A ajuda não veio porque não era um deus, somente um deus na perversa imaginação do meu coração.

Mas Deus, porque Ele me amou, enviou um exército para derrubar minhas muralhas e retirar esse falso altar que eu tão desesperadamente amei em meu coração. Porque Deus te amou Ele virá com a força de um exército para destruir suas afeições e confiança nestes falsos deuses. Ele não irá parar por nada para nos libertar do pecado e de nossas afeições por ele.

Ele já enviou profetas avisando da condenação iminente, mas nós não ouvimos. Eles enviou saqueadores aos nossos lares para roubar nossos confortos, nosso sustento e nossos bens mais valiosos, mas, mesmo assim não nos arrependemos. Então, Ele queimou nossos campos, massacrou nosso gado e tomou nossos filhos. Mas, não, nós não desistimos de nossos deuses.

Nosso Pai bate e aflige para que Ele possa despertar-nos de nosso sono profundo. Ele traz Seu exército para destruir tudo que erroneamente consideramos mais valioso do que Ele. Deus não irá parar até que somente Ele se sente no trono de nossos corações. Ele não irá desistir até que despertemos e enxerguemos a vaidade desses falsos deuses.

Desista, pecador. Desista de seus deuses. Confie completamente e somente no Senhor Todo-Poderoso, o Pai de nosso Senhor Jesus Cristo. Coloque sua esperança nEle e em nada mais. Ele te ama desesperadamente. Você é Seu filho. Ele te aflige porque Ele te ama mais do que você ama a si mesmo e porque Ele sabe o que é o melhor para você à luz da eternidade.

Sim, a disciplina dói. As surras têm a função de causar dor. Ninguém se alegra no castigo do Senhor. "Porque não é do seu agrado trazer aflição e tristeza aos filhos dos homens," (Lm 3:33) mas é necessário para nossas futuras batalhas. Seu Pai esmurra sua carne para que sua alma seja salva.

Qual é o deus que está alojado no fundo do seu coração, meu querido irmão e irmã? O que está assentando no trono do seu coração onde somente o verdadeiro Deus, Jesus Cristo, deveria reinar. Quais recessos escuros de sua alma ainda precisam ser iluminados pelo Espírito Santo?

Deveríamos nos esforçar com todas as nossas forças para ter este pecado, este falso deus, exposto para nós mesmos. Não deveríamos deixar de orar até que ele seja completamente conhecido. E quando descobrirmos este falso deus, este fingido, possamos voluntariamente sacrificá-lo ao Senhor, e então clamar para que se qualquer outro deus roubar nossa fidelidade também seja trazido à luz.

Não devemos descansar até que Deus Jeová seja nosso único Deus, não nossa esposa, filhos, liberdade, direitos, nossas posses e confortos, nem nosso sucesso, reputação, orgulho ou justiça, mas somente Deus. Que Ele, que nos ama o suficiente para nos afligir, seja louvado para sempre.

# Considerem as Provações como Alegria

*"Meus irmãos, considerem motivo de grande alegria o fato de passarem por diversas provações, pois vocês sabem que a prova da sua fé produz perseverança."*

**Tiago 1:2-3**

Se você for como eu, uma pessoa caída pecaminosa, você odeia esperar pelo que deseja. Queremos agora, hoje, neste minuto. À medida que a tecnologia se desenvolve nós nos tornamos mimados porque queremos todos as nossas vontades e desejos imediatamente. Por isso muitas pessoas estão atoladas em dívidas e porque nós cobiçamos, desejamos e assassinamos. É a razão pela qual pecamos para satisfazer imediatamente nossos desejos. É exatamente quem nós somos sem a renovação do Espírito Santo.

Uma coisa é se abster do pecado para não suprir nossos desejos cobiçosos, para lutar contra os anseios da luxúria que guerreiam dentro de nós, e uma coisa completamente diferente é lutar para ser paciente durante as dolorosas provações.

Talvez estejamos doentes e a dor excruciante nos faz clamar a Deus por alívio. Talvez estejamos com fome, sem teto, desempregados e falidos, e caímos de joelhos implorando a ajuda de Deus. Talvez tenhamos sido caluniados e falsamente acusados, ameaçados ou aprisionados, e nos desesperamos por nossas vidas. Não importa a aflição, nós, os filhos, clamamos ao nosso Pai por ajuda, por alívio, para justificação. Imploramos a Ele para que faça algo, qualquer coisa, mas Ele não faz.

Dia após dia, mês após mês, ano após anos, oramos. Choramos. Imploramos. Mas nada! Nada muda. Nada melhora e só parece ficar pior. Nos perguntamos, como eu perguntei, "Deus sequer me ouve? Ele se importa? Eu e meu sofrimento não somos importantes para Ele? Ele está irado comigo? Eu mereço isso? Por que Ele não me ajuda?"

Primeiro de tudo, Deus nos escuta. Ele nos escuta toda vez que oramos. Nosso Advogado, o ressurreto Senhor Jesus Cristo, o Amado do Pai e nosso Sumo Sacerdote está assentado à mão direita de Deus intercedendo por Sua noiva. Quando suplicamos a Deus, nossos pedidos são conduzidos diretamente à sala do trono de Deus. O véu do templo foi rasgado, e nós temos acesso imediato ao trono de misericórdia. Até mesmo Seu Espírito, a quem Ele fez com que habitasse em nós, advoga em nosso favor com gemidos e suspiros que não podem ser compreendidos, ainda assim nosso Pai sabe sua interpretação exata.

Deus com certeza nos ouve quando clamamos a Ele. Ele sabe do que necessitamos e desejamos antes mesmo que peçamos a Ele. Mas devemos continuar pedindo. Devemos continuar a implorar por nossa causa porque na persistência de nossas petições manifestamos nossa completa dependência dEle.

Ao cairmos prostrados diante dEle com nossos rostos no chão aprendemos a humildade. Somos ensinados, conforme pacientemente esperamos, que nossa vontade deve ser submissa a dEle, que o que mais desejamos pode não servir para o Seu grande propósito para o Seu Reino.

E até que possamos dizer honestamente em nossos corações "seja feita a tua vontade, não a minha," podemos nunca receber uma resposta. Sua graça e presença durante sua aflição são suficientes para você? Sua porção nEle é suficiente para satisfazer sua alma? Ou você deve possuir a Deus nos seus próprios termos, pelo que você considera justo e correto?

Deus deve atender sua vontade? O seu Senhor não tem o direito de fazer com você o que Ele bem quiser? Ele não pode administrar Sua vontade até mesmo com seus entes queridos? Deus não é Oleiro e você não é o barro? Será que Ele não pode nos moldar conforme a vontade dEle?

Ah, o teste da verdadeira fé! Quando Deus toma os nossos entes queridos, quando Ele aflige com doença ou deficiência, quando Ele remove nosso conforto, nosso sucesso e nossa liberdade. Será que ainda O amaremos? Podemos dizer com toda sinceridade: "O SENHOR deu, o SENHOR o levou; louvado seja o nome do SENHOR"? (Jó 1:21)

Não desanime, contudo, se você falhou neste aspecto ou se você ainda não chegou à esta maturidade de fé. O próprio Paulo contendeu com Deus para se livrar de seu espinho na carne, mas Deus não o removeu dizendo: "Minha graça é suficiente para você, pois o meu poder se aperfeiçoa na fraqueza" (2Co 12.9). E se esta é resposta de também para você, será que é suficiente? Deus pode te dizer: "Não"?

Nossa provações são bênçãos com certeza. Elas nos mantém longe uma visão arrogante de nós mesmos. Elas represam nosso orgulho. Elas erradicam nossas fidelidades profanas às coisas deste mundo. Elas expõe nosso pecados mais negros e escondidos. Elas expulsam nossos tesouros mais queridos. E elas, enfim, manifestarão nosso verdadeiro amor por Deus e somente por Deus. Portanto, alegre-se porque estas provações, estas provas de fogo nos purificam. Elas queimam as impurezas de nossos corações. Louvado seja Deus.

# Remova as Impurezas

*"Assim acontece para que fique comprovado que a fé que vocês têm, muito mais valiosa do que o ouro que perece, mesmo que refinado pelo fogo, é genuína e resultará em louvor, glória e honra, quando Jesus Cristo for revelado."*

**1 Pedro 1:7**

Quando o ourives purifica o ouro, ele coloca a rocha imperfeita em uma fornalha e a aquece acima dos mil graus. Ele, então, remove as impurezas. Essas impurezas são jogadas fora pois o ouro pura tem valor muito maior.

Um joalheiro, por outro lado, adiciona impureza a seus produtos para que sirva aos propósitos do comprador. Essa mistura diminui o valor do ouro, mas a preocupação do joalheiro é servir à vaidade do homem. As pessoas usam joias para glorificar a si mesmas ou para agradar alguém que eles admiram.

Deus, contudo, deseja a fé de ouro puro, então Ele coloca nosso pedaço de fé imperfeita no fogo da aflição para que o que é precioso seja preservado, com um valor maior e purificado para o uso santo.

O mundo promove suas joias em lugar da fé sem mistura. Estas são as mentiras que ele vende para obter estima, satisfação, conforto, alegria e paz. Nós inconscientemente aceitamos os ensinamentos do mundo, pensando que uma combinação é mais realística, que uma fé inalterada em Deus não irá sustentar as realidades da vida.

Quantos de nós adquirimos as joias de Satanás? Nós já não pensamos que um bom salário, uma boa casa e um monte de outras coisas nos fariam felizes? Não pensamos que poderíamos servir a nós mesmos durante a semana, mas adorar a Deus aos domingos? Nós não estamos convencidos de que um cônjuge amoroso, bons amigos e filhos saudáveis nos trariam felicidade?

As impurezas do mundo lentamente se misturam com nossa fé com o passar do tempo. Elas se tornam tão infundidas e escondidas que nós não podemos mais discerni-las da verdade. É isso que as Escrituras chamam de viver nas trevas. "Eles nada sabem, nada entendem. Vagueiam pelas trevas" (Sl 82.5).

As mentiras se tornam como uma aliança de casamento. Depois de um tempo nós não percebemos sua presença, mas uma vez que a removemos nos sentimos nus. As mentiras se tornam tão parte de nossos pensamentos que não percebemos sua existência ou como elas afetam nosso coração.

Deus, felizmente, irá tomar nossas crenças infundidas com mentiras e colocá-las na fornalha da aflição. Conforme Ele aumenta o calor e prolonga o processo mais de nossas impurezas são expostas. As corrupções de nossa fé se tornam evidentes e a feiura de nosso caráter escoa como a impureza. Até que fossemos afligidos, não poderíamos imaginar que perversidade habitava nossos corações.

Quando as provações aparecem ficamos temerosos e desanimados. Nos desesperamos e perdemos toda a esperança. Nos tornamos retraídos e insensíveis. Nós tornamos hipócritas, irados e vingativos. Atacamos a Deus, a outros e a nós mesmos. Durante as aflições, vemos quanta corrupção existe em nossas almas. Ainda assim, elas sempre existiram. Nós só não conseguíamos vê-las anteriormente.

É através do sofrimento que a pureza de nossa fé é revelada. Nossa reação às tentações, provações e perseguições demonstra a verdadeira realidade de nossa fé em Deus. Quando não reagimos como Cristo reagiria aprendemos a verdade sobre nós mesmos. A purificação é um processo doloroso e feio, mas Deus a considerou um processo necessário para seu próprio bem eterno.

O que a aflição tem que nos frustra tanto? Que realidade agora confronta nossas verdades presumidas? Será que pensávamos que poderíamos ajuntar grande riqueza ignorando os pobres? Imaginávamos que poderíamos escapar com o pecado? Será que pensávamos que as pessoas são boas por natureza? Será que pensávamos que nossa sociedade defende cristãos devotos? Imaginávamos que nossa reputação nunca seria contestada? Será que assumimos que somente coisas boas acontecem ao povo de Deus? Acreditávamos estar no controle de nossas vidas? Será que pensávamos que nunca perderíamos nossos pais, cônjuge ou filhos? Acreditávamos que nosso governo buscava a verdade? Assumimos que os poderes satânicos não existiam?

Existem tantas impurezas que permitimos corromper nossa fé. Salomão escreveu: "Quando os dias forem bons, aproveite-os bem; mas, quando forem ruins, considere" (Ec 7:14). Quando coisas ruins acontecem não é suficiente simplesmente passar por elas. As provações deveriam nos fazer parar e avaliar a nós mesmos. Quando Deus revela a impureza em nossos corações, podemos escolher entre confrontar nossa impiedade ou recusar Sua disciplina. Se permitirmos essa purificação, nossa fé refinada trará louvor, glória e honra quando Jesus Cristo retornar.

# O Bem das Provações

*"Sabemos que Deus age em todas as coisas para o bem daqueles que o amam, dos que foram chamados de acordo com o seu propósito."*

**Romanos 8:28**

Quando a vida tem um sabor amargo e lamentamos nossa condição, um crente será inevitavelmente forçado a ouvir Romanos 8.28 de alguém, como se simplesmente citando esta passagem das Escrituras concertasse todas as coisas. É minha experiência que a maioria das pessoas citam este versículo seja por causa de sua ignorância sobre como confortar o aflito ou porque é mais fácil jogar uma passagem das Escrituras sobre alguém do que apoiá-la durante a luta. De qualquer forma, é minha intenção revelar muita coisa do bem que pode resultar da provação de alguém.

Devemos, em primeiro lugar, considerar o raciocínio e os métodos de nosso adversário quando as tribulações vêm ao nosso encontro. Satanás nos afligiria se já soubesse que sairíamos vitoriosos? É óbvio que não, pois isso seria uma completa perda de tempo. Satanás sabe, por milhares de anos de experiência, exatamente como tentar e afligir cada crente. Ele conhece nossas fraquezas mais do que nós as conhecemos. Ele sabe o que é mais provável de nos fazer tropeçar e o que pode nos levar a renunciar nossa fé em Deus.

O tentador sabia exatamente como convencer Eva e sabia quanto Judas amava o dinheiro. Ele viu como o orgulho desenfreado de Pedro poderia ser sua ruína. Satanás também sabe o que mais vai te tentar para abandonar a esperança, perder a fé e amaldiçoar a Deus.

Eu costumava acreditar, por ignorância, que a fé que eu possuía seria suficiente para qualquer provação. Eu pensava que minha confiança em Deus era firme e inabalável, que nada poderia me desencorajar. Eu me sentia seguro de que eu poderia suportar todos os dardos inflamados de Satanás. Que tolo eu era!

Pois quando o diabo afligiu o íntimo do meu ser, eu rapidamente percebi quão inapto e despreparado eu estava para ficar firme contra seus estratagemas. Eu tinha ficado preguiçoso, dormi durante minha guarda. Meu amor por Deus havia esfriado. Minha obediência era meramente obrigatória e minha crescente paixão pelo mundo se tornara pecaminosa.

Mas Deus, porque Ele não permitirá que Seus filhos sejam perdidos, porque Ele não deixará que eles O amem com meia medida, ordena uma provação de teste. Ele permite que Satanás aflija nossa carne para que nossas almas sejam salvas, e nosso adversário usa punhaladas precisas que machucam o máximo e expõe nossas maiores falhas.

Seja qual for a ferida que mais desafiará sua fé, seja qual parte do nosso coração é a mais escura ou qual impureza continua em nossa alma, Deus irá extrair nosso tumor cancerígeno como um cirurgião. E Deus faz isso mais efetivamente através da aflição.

Sendo ignorantes de nossa doença, nós primeiramente nos submetemos à faca de Deus involuntariamente e cheios de medo. Nós gememos e choramos questionando por que esse procedimento deve ser utilizado, mas o Grande Médico sabe o que é melhor. Ele sabe o que está nos matando. Ele sabe que esta prova é a única forma que Ele pode purificar nossos corações. Ele sabe que nossas ligações com este mundo devem ser removidas. Ele sabe que esta dificuldade é a melhor maneira que nossa fé pode ser fortalecida, nosso zelo restaurado e nosso amor por Ele reascendido.

Ao passar pela provação, se formos conhecedores e honestos com nós mesmos, Deus irá nos levar a uma descoberta do que nos aflige, o que necessita refrigério e o que necessita de regeneração. Conforme lemos Sua verdade, conforme nos prostramos em humilde petição, conforme meditamos sobre Ele, Seu Espírito Santo trará à luz nossa profana condição. Não existe nenhuma instituição humana que pode nos ensinar essas verdades, mas somente enquanto matriculados na escola de Cristo as aprendemos. Esta busca, meu amigo, é seu grande estudo.

Quando sofremos, aprendemos quão insuficiente é nossa força para suportar a perseguição. Aprendemos quão fraca é nossa fé. Percebemos quão pouco confiamos em Deus com nossas vidas. Vemos quão frio nosso amor se tornou por nosso Marido. Descobrimos que nossa esperança não está completamente em Suas promessas, mas tem sido misturada com as promessas deste mundo. Descobrimos quão firmemente fixado está o pecado em nossos corações. Percebemos todas as mentiras que acreditamos a respeito de Deus, de nós mesmos e deste mundo. Contudo, na aflição somos agraciados a aumentar nossa fé, a reascender nosso amor e a confiar em Sua palavra.

Através da provação, percebemos a perversidade do pecado e como sua corrupção habita em nossa natureza e em nossos corações. Na prosperidade possuíamos uma alma dividida, mas Deus remove o conforto do mundo e mata nossas afeições por ele para estarmos completamente apaixonados por Ele. Na aflição nos tornamos mais como Cristo que sofreu e aprendeu a obediência desta forma.

Durante as dificuldades nos entregamos às mãos do Cirurgião para arrancar nossas doenças pecaminosas para que possamos ser saudáveis e completos. Pelas provações, Deus nos remove do solo venenoso do mundo e nos planta em Sua santa videira, Jesus Cristo.

As aflições nos ensinam a verdadeira alegria, não a felicidade passageira que o mundo oferece, mas a contínua alegria que está fundamentada em um Deus imutável e Sua imutável aliança. Em nossas provações Deus demonstra Sua grande preocupação por Seus filhos para libertá-los do pecado, orgulho e da morte eterna. Ele coloca Sua mão que aflige sobre nós como um pai faz com seu filho amado.

As aflições nos levam para mais perto de Cristo. Antes de nossas provações estávamos contentes em ver a Cristo à distância, agora nós corremos para Ele e não ficaremos mais satisfeitos até que descansemos seguros em Seus braços. Através do julgamento de fogo somos purificado para sermos usados em Seus deveres mais santos. Pela aflição, o conforto que encontramos posteriormente traduzimos em conforto para aqueles que da mesma forma sofrem.

E em nossa perseguição, nós silenciamos a fala ignorante dos incrédulos que nos acusam de servir a Deus por lucro ou por hipocrisia. Quando suportamos a perseguição fielmente refutamos as acusações de Satanás contra nós e contra Deus. As aflições, portanto, trabalham para o bem daqueles que amam a Deus.

Sabendo, então, o quanto nossas provações trabalham para nossa melhora, podemos não dar graças a Deus por nos amar o bastante para nos afligir? Por meio do castigo de Deus nossa fé é fortalecida, nossa esperança é firmemente estabelecida e nosso amor explode como um fogo selvagem. Quão abençoados somos se podemos enxergar essas coisas. Aquele que tem ouvidos, ouça.

# Louve-O nas Aflições

*"O SENHOR disse a Satanás: 'Pois bem, tudo o que ele possui está nas suas mãos; apenas não toque nele.'"*

**Jó 1:12**

No evangelho diluído de hoje me dia de "amor e aceitação" só ouvimos a respeito da bondade de Deus. Quando essas pessoas dizem: "Deus é amor", elas ignoram o que o amor ativo de Deus contém, coisas tais como admoestação, disciplina, correção etc.

Elas ignoram a santidade de Deus e a consequente ira que Ele tem contra o pecado. Eles não podem imaginar que "o ímpio e a quem ama a injustiça, a sua alma odeia" (Sl 11:5). Eles ignoram os avisos de Cristo acerca do Inferno e só dizem meia-verdades a respeito dEle. O fato que Deus "punirá os que não conhecem a Deus e os que não obedecem ao evangelho de nosso Senhor Jesus." (2Ts 1:8) é uma completa heresia para aqueles do movimento moderno de "amor e aceitação".

A Escritura descaradamente declara: "Ocorre alguma desgraça na cidade sem que o SENHOR a tenha mandado?" (Am 3:6) Não foi o Senhor que destruiu as cidades de Sodoma e Gomorra? Ele não destruiu todas as pessoas perversas no dilúvio? Ele não ordenou que Israel massacrasse vilas inteiras, incluindo mulheres e crianças? É difícil compreender que nosso Pai ordena tribulações para aqueles a quem Ele ama. Preferimos atribuir todo mal às causas secundárias, ou a Satanás e seus agentes, ou a perversidade dos outros. Assim pensamos que Deus deveria derrotar nossos inimigos, remover nossas doenças e nos manter longe da dor e do sofrimento. Mas e se Deus realmente ordenou sua presente aflição? E se Ele achou por bem que você deveria sofrer e incorrer em perda.

Na história de Jó nós lemos como Deus intencionalmente gabou-se acerca de seu justo servo, Jó. É quase como se Deus chama-se a atenção de Satanás para ele para que Satanás o acusasse. Essa disputa iniciou-se com Deus. Ele começou. Consequentemente, tudo que sobreveio a Jó seria porque Deus desejou que isso ocorresse. Sim, a destruição de todas as propriedades de Jó e a morte de todos os filhos de Jó foi porque Deus ordenou que isso acontecesse.

Mas como pode ser isso? Como pode um Deus amoroso permitir que as pessoas sofram. Você está dizendo que Deus me permitiu ter câncer, Ele permitiu que meu filho nascesse deficiente e até mesmo quis que meu marido morresse? Deus realmente permite que as pessoas passem fome e vivam na pobreza? Sim, pois Ele ou deseja ou permite que aconteça. Em todo caso, Ele soberanamente as ordena.

Cada osso em seu corpo rechaça o pensamento de que Deus deseja que soframos. Eu ouvi muitos crentes dizer: "Bem, se esse é o tipo de Deus que você serve, então Ele não será meu Deus." Eu não finjo que este nível de compreensão é fácil. Eu também luto para accitar o porquê Dcus dcscja que eu seja afligido. Eu não desejo enxergar a Deus nesta luz, mas quer eu goste ou não é o que a Bíblia diz.

Devemos perceber que mesmo embora Deus ordene o mal Ele não é o agente por meio do qual o mal acontece. Deus, como sempre, usa outros para executar Seus julgamentos e estes, por sua própria volição, escolhem o bem ou o mal. Deus usa Satanás e homens perversos para cumprir Seus planos, mas aqueles agentes ainda são responsáveis por suas próprias decisões.

Deus usou a ímpia Assíria para punir a apóstata Israel, mas Deus então puniu a Assíria por sua própria impiedade. Conforme diz: "Quando o Senhor terminar toda a sua obra contra o monte Sião e contra Jerusalém, ele dirá: "Castigarei o rei da Assíria pelo orgulho obstinado de seu coração e pelo seu olhar arrogante" (Is 10.12).

Tome nota de que Deus não fez Satanás afligir Jó. Não, Ele permitiu que ele o fizesse, e Deus, sabendo que Satanás odeia Seus filhos, podia prever exatamente o que o acusador faria. Deus conhece a ferocidade de nosso adversário, portanto Ele determina limites para nosso sofrimento. Deus fez exatamente isso por Jó, dizendo: "Pois bem, ele está nas suas mãos," o Senhor disse a Satanás, "apenas poupe a vida dele" (Jó 2.6).

Em sua própria hora de sofrimento Deus estabeleceu um limite. O limite que Ele estabeleceu, porém, pode não ser onde você gostaria que estivesse. Muitos prefeririam que Ele estabelecesse bem antes, mas tenha fé que "ele não permitirá que vocês sejam tentados além do que podem suportar. Mas, quando forem tentados, ele mesmo lhes providenciará um escape, para que o possam suportar" (1Co 10:13).

Deus conhece nossos corações e nossa fraca fé "pois ele sabe do que somos formados; lembra-se de que somos pó" (Sl 103:14). Ele sabe o que pode nos fazer quebrar. Portanto, mesmo embora seu sofrimento pareça intolerável e pareça que nunca vai acabar, tome coragem em que Deus acredita que você pode suportar se você depender dEle de todo coração.

Eu estou contente por não ter sofrido a severidade das provações de Jó, pois somente alguém com sua integridade poderia ter suportado. Eu sei que se eu tivesse perdido todas as minhas posses e filhos em um único dia eu não poderia tão rapidamente declarar: "O SENHOR o deu, o SENHOR o levou; louvado seja o nome do SENHOR" (Jó 1.21). Pelo contrário, eu sempre me desespero e desejo estar morto. Eu ataco e busco vingança para mim mesmo. Eu fico frustrado, irado e dou minhas costas para Ele. Eu estou longe de ser um homem justo.

Eu falhei no teste da fé em ocasiões demais e eu especialmente negligenciei em ver a mão soberana de Deus trabalhando através das minhas aflições. Eu simplesmente considerei o mal como acaso ou as ações perversas de outros. Eu nunca olhei por trás das causas secundárias para a causa primária de meu sofrimento. Eu não podia enxergar que Deus tinha um trabalho a fazer em meu coração, pois eu tinha uma lealdade dividida. Eu era muito orgulhoso e muito apaixonado pelos confortos deste mundo. Era teimoso e egoísta, e, ao invés de louvar a Deus, eu O acusava de injustiça. Que homem miserável eu tenho sido!

Mas por causa da graça e longanimidade de Deus, Ele nos dá tempo para aprendermos que através das aflições nós temos a oportunidade de amar e confiar mais nEle. É a nossa saúde que estimamos? Então Deus permite a doença. São as armadilhas mundanas que desejamos? Então Ele nos torna necessitados. São as conquistas pelas quais lutamos? Então Ele frustra os nossos planos. É a fama e a estima pública que protegemos? Então Ele envia fofoca e mentirosos. É a nossa família que mais amamos? Então Ele os leva embora. Mas quando Ele o fizer, será que ainda o amaremos?

Amaremos o nosso Pai sem importar que tesouro Ele remova? E, se não, será que admitiremos isso para Ele? Dobraremos nosso joelho e confessaremos este pecado e falta de fé? Ele irá te perdoar assim como Ele me perdoou este pecado. Ele pacientemente esperará conforme aceitamos Sua vontade. Ele nos ama. Assim, Ele aflige para que Ele possa abrir nossos olhos, para que possa amaciar nossos corações, para que possa destruir nossas outras afeições e para que possa ressuscitar nosso amor por Ele. Louve-O nas aflições.

# Sofra para Ser Como Ele

*"Quero conhecer Cristo, o poder da sua ressurreição e a participação em seus sofrimentos, tornando-me como ele em sua morte."*

**Filipenses 3:10**

Normalmente pensamos que para ser como Cristo deveríamos tentar ser mais humildes, mansos, carinhosos, compassivos, bondosos, educados, suaves, agradáveis etc. Embora estes atributos sejam bons para se ter e batalhar por eles, só existe uma forma comprovada de que podemos ser mais como Ele, por meio do sofrimento.

A aflição teve uma grande participação no que fez Jesus ser quem Ele era. "Foi desprezado e rejeitado pelos homens, um homem de dores e experimentado no sofrimento" (Is 53:3). Seu sofrimento e humilhação fez dEle ainda mais compassivo, ainda mais amoroso, ainda mais carinhoso para com os cansados e abatidos. "Era necessário que ele se tornasse semelhante a seus irmãos em todos os aspectos, para se tornar sumo sacerdote misericordioso e fiel" (Hb 2.17). Para que alcancemos este caráter também devemos sofrer.

Eu sei que não compreendi a dor da doença até que próprio corpo fosse afligido. Eu não simpatizei com os deficientes até que eu não pudesse andar. Eu não compreendi a rejeição até que eu também fosse amaldiçoado e odiado pelos outros. Eu não conheci a tristeza até que eu tivesse perdido um ente querido. Mas graças a Deus que me permitiu sofrer essas aflições para que eu pudesse me tornar mais como Seu Filho e mais compassivo para com meu irmão.

Você também irá sofrer se você é Seu filho. Mas "considerem motivo de grande alegria o fato de passarem por diversas provações" (Tg 1.2). Porque no vale do desespero, quando a dor intensa do sofrimento, quando todos os confortos foram removidos, quando a tristeza te consome, quando a esperança parece ter sumido, você também aprenderá como ser conformado à imagem de Seu Filho.

Em minha ingenuidade costumava orar para que Deus sondasse meu coração, expusesse os recessos mais obscuros da minha alma, revelasse os meus pecados escondidos para que eu me tornasse como Seu Filho, para ver como Ele vê, ouvir como Ele ouve e sentir como Ele sente. Em completa ignorância de como Deus realiza tais coisas, eu continuamente o buscava para isso. Eu não percebi os meios pelos quais Ele nos molda à semelhança de Cristo. Se eu tivesse conhecimento do sofrimento que viria eu o suportaria, eu teria prontamente costurado minha boca e nunca sonharia com tais aspirações elevadas.

Mas Deus ouviu minhas orações. Como Cristo chorou sobre Jerusalém e sua condenação iminente, assim meu Pai lamentou pelas aflições que Ele traria para conceder meu pedido. O agradou me afligir? Não, mas Ele sabia que estas provações eram a única forma que eu poderia ser disciplinado à obediência e me tornar como Cristo em Sua morte. Deus, porque Ele nos ama, nos açoitará para nos purificar e nos afastar do pecado.

Quando sofremos, quando estamos doentes, quando nos falta o sustento, quando somos perseguidos, quando somos atacados por mentiras e calúnias, quando perdemos um ente querido, quando outros nos odeiam, nos aprisionam e buscam nossa morte, nós preenchemos o que falta na educação de Cristo. No sofrimento compartilhamos de Suas aflições, e é somente por meio da dor que chegamos a conhecer completamente a Jesus Cristo.

Pensamos que em nossos dias de paz temos a comunhão perfeita com Deus. Quando temos todos os nossos desejos cumpridos cremos que realmente conhecemos a Cristo. Quando tudo está certo assumimos que Seu Espírito está presente. Contudo, não chegamos a realmente conhece-lo ou aprecia-lo até que sejamos tentados, ridicularizados e desprezados. Nós então percebemos que só O conhecemos por meio de um nebuloso e escuro espelho.

Paulo estava acostumado ao sofrimento, ainda assim esperava que fosse suportar mais espancamentos, mais deboches e ainda mais cadeias. Ele disse: "Por isso, por amor de Cristo, regozijo-me nas fraquezas, nos insultos, nas necessidades, nas perseguições, nas angústias" (2Co 12:10). Para o homem carnal isto parece absurdo, como Festo declarou: ""Você está louco, Paulo! As muitas letras o estão levando à loucura!" (At 26.24) Até mesmo para um religioso pragmático, tal declaração beira ao extremo fanatismo. Mas aqueles que estão entregues a Deus se deleitam na oportunidade de experimentar os sofrimentos de Cristo.

Infelizmente, nós (eu incluso) não nos atentamos a esta fiel compreensão. Quando somos afligidos somente clamamos por livramento. Quando sofremos só clamamos por alívio. Estamos tão entretidos em nossa própria dor que não apreciamos o bisturi do Cirurgião conforme Ele cuidadosamente extrai nossos duros corações de pedra para substitui-los com um coração de carne.

O Pai afligiu Seu Filho para que Ele pudesse ser um Sumo Sacerdote misericordioso. Deus ordenou que Jesus deveria sofrer para que Ele fosse preparado para uma grande obra. Por meio das provações, Deus removerá as impurezas de nossos corações para que possamos ser prata refinada, purificada para um santo ofício. Deus nos aflige, Seus filhos, para que "cresçamos em tudo naquele que é a cabeça, Cristo" (Ef 4:15). Portanto, não nos cansemos ou fiquemos amargurados, antes regozijemo-nos em nosso sofrimento para "conhecer Cristo, o poder da sua ressurreição e a participação em seus sofrimentos, tornando-me como ele em sua morte" (Fp 3.10).

# Mate o Seu Eu

*"Se alguém quiser acompanhar-me, negue-se a si mesmo,*
*tome a sua cruz e siga-me. "*

**Mateus 16:24**

O maior obstáculo para a paz é a nossa inabilidade e falta de vontade de negar a nós mesmos. Especialmente durante as dificuldades, provações e perseguições externas, nossa preocupação e desespero revela nosso amor imortal por nós mesmos. O que será que acontece durante as severas tribulações que nos faz ser tão desanimados e desencorajados? O que nos leva a tais amargurados desapontamentos e abatimentos. Não é que perdemos algum tesouro que nossa carne tão desesperadamente deseja? Não é que algum conforto foi removido?

Desejamos saúde, então somos desencorajados quando ficamos doentes. Desejamos segurança, então choramos a perda do lar e dos bens. Ansiamos pela estima pública, então nos irritamos quando outros nos depreciam. Exigimos nossos direitos, então lutamos e guerreamos. Colocamos nossa esperança na família, então nos iramos quando eles são retirados de nós. Todas essas reações, esses sintomas, muitas vezes manifestam um amor ímpio pelo eu.

Não é como se nós não devêssemos nos importar ou estar mortos emocionalmente em relação às perdas. Sua ausência é real. A dor é real. Elas causam imensa tristeza assim como Jesus se entristeceu ao encontrar Seu amigo Lázaro morto na tumba. Mas até que ponto permitimos que essas perdas nos levem ao desespero pode ser irracional. Quando permitimos que sua perda nos roube a alegria no Senhor estamos sendo irracionais. Quando permitimos que essas coisas nos façam perder a fé e a confiança em Deus, provamos ser perversos.

Se você verdadeiramente deseja a paz que excede todo o entendimento, então, durante estas grandes aflições, olhe para o Senhor. Toda a vida terrena de nosso Salvador foi uma existência de completa autonegação. Ele disse: "Não estou buscando glória para mim mesmo" (Jo 8:50) e "desci dos céus, não para fazer a minha vontade, mas para fazer a vontade daquele que me enviou" (Jo 6:38). Jesus foi mais injustamente afligido do que qualquer um, ainda assim Ele estava perfeitamente contente e em mais paz do que qualquer pessoa que já andou na terra.

A paz de Jesus era um resultado de Sua completa submissão ao Pai. "Quando insultado, não revidava; quando sofria, não fazia ameaças, mas entregava-se àquele que julga com justiça" (1Pe 2:23). Ele voluntária e silenciosamente sofreu a morte porque tinha abandonado a Si mesmo para fazer a vontade de Deus a despeito de seus próprios desejos.

Contudo, a razão pela qual nos tornamos tão transtornados pelo desastre, porque nós incessantemente nos preocupamos com o futuro e porque nos desesperamos pela nossa condição é porque nós ainda não negamos a nós mesmos e confiamos nossas vidas a Deus.

O "eu" fica contente quando seus desejos são cumpridos, e nós servimos a Deus com nossos lábios quando nossa sorte é favorável. Mas quando Deus retira esses tesouros, o "eu" clama e exige uma resposta dEle. Nossos corações egocêntricos não deixam aquelas coisas que foram nossas ou o que consideramos ser nosso privilégio de direito. Nossa carne pecaminosa exige uma prestação de contas e injustamente busca por restituição. Quando este espírito de descontentamento surge durante a aflição, descobrimos que nunca tínhamos negado a nós mesmos e ainda estamos sentados no trono do nosso coração.

Pergunte a si mesmo, querido irmão e irmã, "De onde vêm as guerras e contendas que há entre vocês? Não vêm das paixões que guerreiam dentro de vocês?" (Tg 4:1) Quando estamos desencorajados e cabisbaixos não é porque nossa própria carne teve alguns de seus prazeres negados? Quando você se desespera, não é porque você confiou em promessas vazias? Quando você se ira, não é porque você se sente no direito? E quando nós oramos, não é somente para reconquistar nosso conforto. Não é justamente, então, que Deus nega nossos pedidos porque pedimos por motivos egoístas?

Se verdadeiramente desejamos seguir a Cristo, então devemos arrastar nosso eu esperneando e gritando ao Calvário, pregá-lo na cruz e matá-lo. Talvez tenhamos que fazer isso dia após dia, mas deve ser feito. Enquanto deixarmos o nosso eu respirar ele irá se levantar e usurpará o trono de nosso coração. Somente depois que nosso "eu" for crucificado poderemos seguir a Cristo.

Somente depois de termos morrido poderemos ressuscitar em novidade de vida. Devemos nascer de novo, transferidos do reino deste mundo egoísta para o reino de Seu Filho. Somente cidadãos deste mundo conhecem a paz de Cristo, e somente a eles é prometida.

# Escolha a Cruz

*"Jesus dizia a todos: 'Se alguém quiser acompanhar-me, negue-se a si mesmo, tome diariamente a sua cruz e siga-me.'"*

**Lucas 9:23**

O que significa tomar a cruz? Normalmente pensamos que nossos sofrimentos e provações são uma cruz. Presumimos que nossa aflição é uma cruz que o Senhor colocou sobre nós. Eu questionava frequentemente o que Cristo quis dizer exatamente e como eu posso fielmente carregar minha cruz.

Muitos dizem que uma tribulação é "uma cruz que eles carregam", mas perceba que a cruz do discípulo nunca é colocada sobre ele. Deus não escolhe arbitrariamente uma cruz para carregarmos. Ninguém a não ser o discípulo pode escolher pegá-la. Nossa tribulação não é uma cruz, pois as provações aparecem sem nosso consentimento. As aflições vêm, mas não por nossa escolha. Um cristão não deseja sofrer, embora o sofrimento possa ser uma consequência do discipulado.

Pelo contrário, uma cruz deve ser tomada voluntariamente e colocada sobre si mesmo. É uma decisão que o discípulo faz dia após dia. Diariamente escolhemos negar a nós mesmos e diariamente escolhemos carregar nossa cruz. Esta cruz é tomada como a consequência da autonegação.

Antes deste mandamento de pegar a nossa cruz, Jesus disse: "É necessário que o Filho do homem sofra muitas coisas e seja

115

rejeitado pelos líderes religiosos, pelos chefes dos sacerdotes e pelos mestres da lei, seja morto e ressuscite no terceiro dia" (Lc 9.22). Neste contexto descobrimos o que Ele quer dizer com a cruz do discípulo. Jesus negou a si mesmo e voluntariamente entregou Sua vida. A entrega de Sua própria vontade foi o que o levou à Sua cruz. Ele queria evitar "este cálice" se possível, mas, em vez disso, Ele escolheu se submeter a Seu Pai.

A rejeição de Cristo de Suas próprias vontades, direitos e glória o levaram à cruz que Ele voluntariamente tomou sobre si mesmo. Por Sua submissão à vontade de Deus, Ele seria rejeitado, afligido e morto. Estes efeitos não vieram antes de Sua autonegação. Elas vieram como o resultado natural.

Muitas vezes nos recusamos teimosamente a negar a nós mesmos e tomar a nossa cruz, então Deus nos aflige com os sofrimentos. Estas aflições, entretanto, não são nossa cruz. Deus permite o sofrimento para que possamos ser humilhado e escolhamos negar a nós mesmos. Deus rejeitará nossos desejos e planos até que aprendamos a submissão. Ele nos humilha para quebrar o nosso orgulho. Ele retira o nosso conforto para que esqueçamos nossas ímpias afeições. Ele amorosamente desvia nosso caminho para nos trazer de volta à cruz que anteriormente nos recusamos a tomar.

Ainda assim, podemos recusar a tomar a nossa cruz. Podemos sofrer todas as formas de sofrimentos e ainda exigir nossos direitos e desejos. Podemos manter nosso orgulho através da aflição. Só porque sofremos não significa que tomamos nossa cruz. Eles servem para nos levar à autonegação, mas a escolha ainda é nossa.

Se desejamos negar a nós mesmos e tomar a nossa cruz, devemos estar preparados para o que isso necessariamente implica. Isso significa que nós aceitamos e nos submetemos à vontade de Deus, não à nossa. E como resultado nossa vida inteira se torna dEle. Nossos desejos são secundários à Sua

116

vontade. Nossos planos servem para favorecer Seu propósito. E nossa nova identidade é como Seu escravo.

Assim, o que nós naturalmente desejamos fazer, não mais fazemos. O que nós instintivamente desejamos, não mais buscamos. Cada pecado é imediatamente rejeitado. Cada ordem é imediatamente obedecida. Todos os nossos pensamentos, argumentos e percepções estão alinhadas com as de Deus. Nós, deste modo, tomamos a cruz da morte de nós mesmos.

Conforme carregarmos nossa cruz, sofreremos a rejeição do mundo. Seja qual for a esperança que tínhamos para paz com os ímpios já não existe. Ao invés disso, "todos odiarão vocês por minha causa, mas aquele que perseverar até o fim será salvo" (Mt 10:22). Toda a perversidade, justiça própria e valores do mundo desprezamos e como resultado sofremos o ódio e a perseguição do mundo.

Até mesmo nossos entes queridos podem se virar contra nós. Podemos perder pai e mãe, filho ou filha porque amamos a Cristo acima de todas as coisas. O mundo nos acusará, dirá mentiras a nosso respeito, nos silenciará, tomará nossos bens, nos expulsará de nossos lares, nos aprisionará, nos espancará e nos matará. Porque juramos lealdade a Deus, o mundo nos perseguirá. Assim como Jesus sofreu o ódio do mundo, assim também nós sofreremos. Não existe alternativa para o discípulo de Cristo.

Sabendo o que segue ao tomar a nossa cruz, é sábio contar os custos do discipulado. Se esta cruz parece ser muito custosa deveríamos abandonar qualquer pretensão de crer. Não deveríamos começar a construir o que não podemos terminar. Deveríamos pedir por paz antes de o inimigo nos destruir. "Da mesma forma, qualquer de vocês que não renunciar a tudo o que possui não pode ser meu discípulo" (Lc 14:33).

Nós não podemos manter o amor pelo mundo que odeia nosso Salvador e Senhor e não podemos desprezar Seu senhorio com uma religião hipócrita. Devemos escolher hoje a quem iremos servir. Pois Jesus odeia os hipócritas, chamando-os de "filhos do inferno" e Ele abomina cristãos indecisos dizendo: "Assim, porque você é morno, não é frio nem quente, estou a ponto de vomitá-lo da minha boca" (Ap 3:16).

Sua provação atual te deu outra oportunidade para tomar a sua cruz. A escolha, contudo, continua sendo sua, e esta decisão não deveria ser tomada de qualquer forma. Contudo, se você escolher negar a si mesmo e tomar a sua cruz, você encontrará a vida eterna. "Pois quem quiser salvar a sua vida, a perderá; mas quem perder a sua vida por minha causa, este a salvará." (Lc 9:24)

# Simplesmente Pule

*"O SENHOR, porém, fez soprar um forte vento sobre o mar, e caiu uma tempestade tão violenta que o barco ameaçava arrebentar-se."*

**Jonas 1:4**

É difícil discernir a intenção do Senhor quando o barco de nossa vida está sendo jogado de um lado par ao outro pelas poderosas ondas. Inicialmente culpamos agentes secundários por nossa aflição. A doença golpeia nosso corpo. A pobreza consome nossa esperança. A morte toma nossos entes queridos. Os ímpios nos atacam e os inimigos procuram tirar nossa vida. Não imaginamos que isso poderia ser o Senhor nos afligindo. Tendo conhecimento disso ou não, podemos estar resistindo à Sua vontade, e essas aflições podem ter sido liberadas porque nós fugimos da presença do Senhor como Jonas fez.

Como soldados em período de guerra, assumimos, sem saber, que estamos sempre do lado certo, que nossa missão é abençoada por Deus. Nunca passou pela nossa cabeça que poderíamos estar promovendo desígnios perversos. Estamos cegos por nossa aliança para com o rei, país e nossos próprios interesses. Contudo, muitos descobrem depois da guerra que eles não estavam lutando por Deus, mas contra Ele.

Já que estamos similarmente engajados em uma guerra, se bem que é uma batalha espiritual, deveríamos considerar sabiamente a justiça de nossa posição e nossas verdadeiras intenções. Antes que Deus seja forçado a enviar um jumento para nos repreender, deveríamos perguntar a nós mesmos: "Contra quem estou realmente lutando? Estou batalhando por ou contra Deus? Esta presente tribulação é porque estou sendo rebelde contra Sua vontade?"

Estas foram perguntas que tive que me fazer seriamente. Já que não posso confiar em meu raciocínio carnal e em meu coração enganoso tive que implorar ao Espírito Santo para que revelasse sua verdade. Eu naturalmente presumo que o que eu desejo é a vontade do Senhor, mas conforme eu vejo outros também sofrendo, eu não posso tão facilmente concluir que eu não estou, de certo modo, resistindo a seu plano para minha vida.

Nenhum de nós deseja ser a causa da dor dos outros. Mas se não podemos lançar sorte para determinar o culpado, então devemos permitir um exame de nossa própria culpabilidade. E se formos encontrados em oposição à vontade do Senhor, deveríamos voluntariamente lançar-nos no mar da misericórdia de Deus.

Lançar-nos em um turbulento mar é a última opção que queremos considerar. Ao invés disso, nós tentamos desesperadamente remar para a segurança com todas as nossas forças. Ainda assim, Deus muitas vezes aumenta nossas aflições até que nós vejamos a futilidade de nossa resistência. Quando nós finalmente nos submetemos para negar a nós mesmos, Deus acalmará a tempestade.

Negar a si mesmo é o mesmo requerimento para todos os discípulos, mas seus efeitos são diferentes para cada pessoa. Para alguns, é a mortificação do pecado. Para outros, é o abandono de todos os bens. Para outros, ainda, é a perda de posições de poder e publicidade. Talvez tenhamos que afogar todas as nossas esperanças e sonhos no mar. Talvez nos seja pedido que deixemos nossos entes queridos. Seja qual for nossa cruz, isso significa a morte para nosso espírito opositor para a completa submissão da vontade de Deus.

Parece loucura se lançar ao mar no meio de uma tempestade, mas saiba com certeza que é a única maneira de estas tempestade eventualmente diminuir. Fique tranquilo, contudo, quando nós voluntariamente abandonamos nosso eu, Deus já tem um meio de nos salvar da destruição. Assim como o Senhor preparou um grande peixe para resgatar a Jonas, da mesma forma Ele preparou um jeito de trazer salvação e glória. Nossa tarefa é somente pular.

# Faculdade do Contentamento

*"Pois aprendi a adaptar-me a toda e qualquer circunstância. Sei o que é passar necessidade e sei o que é ter fartura. Aprendi o segredo de viver contente em toda e qualquer situação, seja bem alimentado, seja com fome, tendo muito, ou passando necessidade."*

**Filipenses 4:11b-12**

Muitas manhãs, como esta manhã, eu acordei entristecido. Minha alma estava cabisbaixa dentro de mim, e a alegria do Senhor estava ausente. Durante estes períodos eu devo ir imediatamente ao meu Pai em oração. Devo confessar meu descontentamento e pedir que Ele me perdoe deste pecado de insatisfação. Que Ele me ajude a não continuar nesta disposição desprezível de ingratidão e murmuração contra Ele. Realmente é um segredo divino estar contente em todas as circunstâncias.

O mundo não conhece a paz. Não acredita de verdade que o contentamento é possível quando uma pessoa sofre. Ele pensa que é estranho uma pessoa estar em paz enquanto suporta grande prejuízo. A sociedade prega o exato oposto do contentamento.

Toda a luta do mundo é para adquirir mais e proteger a si mesmo de menos. A sociedade prega: "Você não pode ser feliz com o que você tem. Você está perdendo. Você precisa de mais. Você merece mais." Mesmo uma ameaça imaginária de perder alguma coisa vai exibir todas as formas de garantia e guerras para prevenir a perda de seu conforto.

Em nossa infância cristã esta é exatamente a forma como raciocinamos e nos comportamos. Quando possuímos muito, estamos felizes (pelo menos, por enquanto). Quando perdemos tesouros, ficamos tristes e desanimados.

Algumas de nossas perdas foram grandes. Alguns perderam riqueza, reputação, conforto, liberdade e até mesmo uma amada esposa, marido, pai, mãe, irmã, irmão ou filho. Para qualquer um, até mesmo a sugestão de estar contente (o que dirá alegre) quando tal tragédia acontece parece ignorante, insensível e cruel. E se tal conselho não é dado no tempo certo, não irá produzir o fruto desejado. Contudo, quando o tempo é certo, esperamos que estas palavras se provarão doce.

Estar contente em qualquer condição é uma arte divina que deve ser aprendida pela experiência. Ninguém compreende a forma piedosa de sofrer a perda sem primeiro perder o que mais estima. Um mordomo não sabe como fielmente administrar a riqueza exceto ao lhe ser confiado com tanto.

Até mesmo São Paulo teve que aprender o mistério do contentamento. Essa educação não aconteceu miraculosamente. Ele teve que se humilhar para aceitar e estar satisfeito nesta presente circunstância. A revelação de Paulo não resultou de uma mudança de circunstâncias. Não, foi uma lição dolorosa que levou anos de aprendizado pela ajuda do Espírito Santo.

Podemos acreditar que não importa o que nos sobrevenha estaremos contentes. Mas deixe que Deus retire seu conforto, deixe-O tirar seu lar, deixe-O impugnar sua reputação, deixe-O levar nosso precioso filho e então nós rapidamente descobrimos quão despreparados estávamos para essa lição. Semelhantemente, deixe Deus nos abençoar com uma cama quente, a melhor das comidas, uma carreira lucrativa, posses inumeráveis e uma grande família e nós descobriremos que ainda assim podemos ser descontentes.

Não importa se temos muito ou pouco, nossos corações orgulhosos e egoístas nunca ficam contentes por muito tempo. Nós gradualmente descobrimos que o contentamento não surge de situações externas. Contentamento é uma questão do coração. Descontentamento, não importa a circunstância, revela uma mente fixada em coisas terrenas, uma alma que se sente no direito e um coração que considera a si mesmo igual a Deus.

Quem de todas as criaturas é a mais descontente se não Satanás? Ele ainda deseja igualdade com Deus. Se ele tivesse ficado contente com sua posição anterior na presença de Deus ele não seria tão irado e descontente. Portanto, agora ele rodeia a terra tentando destruir o contentamento do homem da mesma forma.

Foi precisamente com descontentamento que a serpente enganou os nossos pais. Ele desafiou suas satisfações com suas posições e sugeriu que Deus estava, de certa forma, negando-lhes seu privilégio de direito. Semelhantemente, hoje, o diabo sussurra a insatisfação nos ouvidos dos filhos de Deus, contestando a preocupação de Deus e sugerindo que eles merecem coisa melhor do que suas circunstâncias atuais.

O descontentamento não é somente um sentimento. É, em sua raiz, um julgamento contra Deus. O descontentamento afirma que seja qual a situação em que nos encontramos ela não é adequada ou justa. O descontentamento argumenta que Deus é injusto, que merecemos coisa melhor e que Deus nos nega essas coisas porque Ele não nos ama.

O descontentamento é uma acusação indireta contra Deus. Ao invés de oferecer ações de graça, o coração ingrato amaldiçoa a Deus. Como Israel que tinha acabado de ser salvo através do Mar Vermelho, nosso coração descontente murmura contra Deus e, assim, acusa-O de má intenção. O descontente diz: "Antes ser escravos dos egípcios do que morrer no deserto!" (Ex 14:12)

Talvez nunca venhamos a admitir a profundidade de nosso descontentamento, mas Deus conhece nossos corações. Ele enxerga a perversidade e o orgulho que está por trás de nossa insatisfação. Ele conhece nossos pensamentos mais profundos, mas louvado seja aquEle que é sempre tão paciente conosco. Ele nos deixará passar fome até que recuperemos nosso sentidos, que é melhor ser um servo na casa de Deus do que rei de um chiqueiro.

Irmãos e irmãs, deveríamos rapidamente cair de joelhos sempre que sentirmos este espírito murmurador se levantar em nossos corações. Devemos aprender por meio de muita adversidade a ser contentes em todas as circunstâncias. Deveríamos ser gratos que Deus não nos deixou perecer no deserto no meio de toda nossa reclamação.

Deus nos leva às águas amargas de Mara para que possamos apreciar Sua água pura. Ele nos deixa famintos no Deserto do Pecado para que possamos desejar o Pão do Céu. Ele remove nossos próprios meios de nos sustentar para que possamos ser agradecidos por aquilo que Ele nos proporciona.

É possível estar contente em toda situação? Sim, mas é um segredo do Senhor aprendido por aqueles que amam, confiam e se submetem a Ele em todas as coisas. Por Sua graça, podemos descobrir como aceitar e apreciar uma condição menor e como fielmente administrar uma grande riqueza. É um mistério divino revelado àqueles que humildemente o buscam.

O contentamento é um presente de Deus, não possível aprender sem o efeito de Seu Santo Espírito. Devemos, portanto, confessar nosso descontentamento e implorar ao Senhor que arranque esse espírito perverso de nossos corações. É e será um grande esforço, mas "Tudo posso naquele que me fortalece" (Fp 4.13).

# Um Coração que Geme

*"E não só isso, mas nós mesmos, que temos os primeiros frutos do Espírito, gememos interiormente, esperando ansiosamente nossa adoção como filhos, a redenção do nosso corpo."*

**Romanos 8:23**

A parte mais difícil desta provação é aceitar minha condição. Eu odeio isso. Eu odeio a perda da minha família. Eu odeio ser caluniado e amaldiçoado. Mas, mais do que isso, eu odeio como isso machuca minha esposa e marca meus filhos. Enquanto isso, meus inimigos continuam sem ser afetados e sem remorso. Eles não estão condenados. Pelo contrário, eles estão glorificados. Seus dias são prósperos e eles vivem em paz. Mesmo enquanto eles planejam esquemas perversos, eles estão felizes.

Todo dia o povo de Deus está faminto e sem um lugar para colocar suas cabeças. Alguns são violentamente expulsos de seus lares e assassinados por inveja e ódio. A injustiça acontece o tempo todo, então por que eu sinto como se devesse estar isento disso? Por que eu penso que mereço um tratamento melhor do que meus irmãos e irmãs ao redor do mundo? Por que eu deveria receber coisa melhor que o meu Senhor Jesus? Foi dito corretamente: "Todos os filhos de Deus sofrerão, mas somente Um era sem pecado." Se o Cordeiro imaculado de Deus sofreu aflição, então por que eu não deveria, um bode pecador?

Deus usa a aflição para purificar Seus santos. Nós podemos não gostar de Seus métodos, mas "O Senhor é justo em todos os seus caminhos e é bondoso em tudo o que faz" (Sl 145:17). O que você enxerga como tratamento vil, Deus enxerga como necessário para nosso bem eterno. Deus escolheu esta provação específica para expor nossas deficiências. Ele sabia que elas existiam, e para nos santificar Ele permite as aflições.

"Muitos serão purificados, alvejados e refinados, mas os ímpios continuarão ímpios. Nenhum dos ímpios levará isto em consideração, mas os sábios sim" (Dn 12.10). O ímpio não aprende das tribulações. Eles não consideram seu caminho ou a condição de seus corações. Como o sol endurece o barro, assim as provações endurecem os injustos. Como filhos de Deus, contudo, nós não devemos somente sobreviver esses tempos difíceis. Devemos parar, considerar e permitir que os raios do sol derretam nossos corações congelados. Nós podemos facilmente passar por esta provação e ainda assim permanecer em rebelião contra Deus.

Profundamente cimentado em meu coração está um espírito de descontentamento. Assim, eu provo a mim mesmo que sou desobediente, orgulhos e incrédulo. O contentamento, por outro lado, mostra a obediência, a humildade e a confiança. Infelizmente, nós normalmente estamos descontentes, pois este é o resultado de nossa natureza pecaminosa. Por padrão, nós desejamos afirmar nossos direitos, escapar da dor e cumprir nossos desejos. As aflições de Deus atavam bem no coração de nossa natureza. Ele humilha nosso orgulho, causa desconforto e recusa nossos desejos.

Meu descontentamento é frustrante, pois eu quero estar contente, mas meu coração rebelde e orgulhoso se recusa a submeter. "Não entendo o que faço. Pois não faço o que desejo, mas o que odeio" (Rm 7:15). Minha mente e meu espírito desejam aceitar as circunstâncias, mas minha carne resiste. Eu tenho tentado repreender a mim mesmo pelo meu descontentamento, mas isso nunca leva a aceitação. Ao invés disso, a luta só me desencoraja.

A batalha interior pelo contentamento pode continuar por quanto tempo eu habitar neste corpo corrupto. "Ora, se faço o que não quero, já não sou eu quem o faz, mas o pecado que habita em mim" (Rm 7:20). Pecado, o abominável espírito de rebelião, causa meu descontentamento. E o descontentamento é a raiz de toda transgressão, pois incita a mão a pegar o fruto proibido. Ganância, inveja, luxúria, ou seja qualquer outro pecado que pensemos ou fazemos vem de nosso orgulhoso descontentamento.

É por isso que "nós mesmos, que temos os primeiros frutos do Espírito, gememos interiormente, esperando ansiosamente nossa adoção como filhos, a redenção do nosso corpo" (Rm 8:23). Chega o momento na caminhada de todo crente quando eles deixam de querer de ser livres de pecar para ser livres do poder do pecado.

Quanto mais alguém enxerga impiedade interior, mais esse alguém clama: "Miserável homem que eu sou! Quem me libertará do corpo sujeito a esta morte?" (Rm 7:24) Este corpo, cheio de pecado, deve morrer, "pois é necessário que aquilo que é corruptível se revista de incorruptibilidade, e aquilo que é mortal, se revista de imortalidade" (1Co 15:53). Somente depois da ressurreição não iremos mais guerrear contra nossa carne e seremos livres de qualquer insatisfação ímpia.

Ainda assim, existe algo como o bom descontentamento para o crente. Percebemos que fomos criados para mais do que este mundo tem a oferecer. Descobrimos que só podemos ser realmente felizes quando temos um propósito eterno e comunhão com nosso Criador. Nenhuma aspiração terrena pode satisfazer nossas almas e nenhuma comunhão é pura o suficiente para preencher nossa necessidade de Deus. Nós somos, desta forma, descontentes enquanto separados de nosso Pai. E, nós consequentemente gememos dentro de nós mesmos desejando estar livres deste corpo pecaminoso e completar nossa adoção como filhos de Deus. Então, em Sua presença, nunca estaremos descontentes.

# Estupidamente Ingrato

*"Porque, tendo conhecido a Deus, não o glorificaram como Deus, nem lhe renderam graças, mas os seus pensamentos tornaram-se fúteis e o coração insensato deles obscureceu-se."*

**Romanos 1:21**

Deixar de dar a Deus o louvor que lhe é devido e negligenciar em dar a Ele ações de graças são os primeiros passos para uma vida de futilidade. Geralmente enxergamos o "eles" desta passagem como sendo "aqueles" homossexuais. São "aqueles" estúpidos pagãos que adoravam ídolos que Deus entregou à perversidade. Esta passagem certamente não é aplicável a pessoas como nós.

Mas perceba que estes idólatras, primeiramente, creram em Deus. Eles não eram ignorantes de Sua existência. Pelo contrário, eles simplesmente se recusaram a glorificá-lo e agradecê-lo. Estas omissões intencionais são o que levam à vida de completa depravação.

Eles deliberadamente louvaram a criação ao invés do Criador. Eles pensaram que todas as suas bênçãos eram resultado de seu próprio trabalho duro, então eles agradeceram somente a si mesmos. Assim, seus corações orgulhos foram obscurecidos pelo engano egoísta, e eles ignoraram o governo de Deus para gratificar seus próprios desejos.

Todo crente em Cristo deveria estar atento a este espírito venenoso da falta de gratidão. É o mesmo temperamento dos israelitas murmurantes. Estes escravos redimidos viram o poder e a salvação de Deus, pois eles foram os beneficiários de Sua libertação.

Ainda assim, ao invés de agradecer, eles reclamaram a respeito de tudo. Nada estava bom o suficiente para eles: liberdade da escravidão, comida e água a vontade, terra gratuita, casas mobiliadas gratuitas. Nenhuma dessas bênção imerecidas provocaram o louvor de um povo tão perverso.

Será que não somos parecidos com a ingrata nação de Israel e os pagãos arrogantes? Quando sofremos, o que fazemos? Reclamamos, choramos, fazemos birra e acusamos Deus de maus tratos. Quantas de nossas orações são apenas sobre nós mesmos? Quantas de nossas petições buscam apenas o nosso conforto?

Ao invés de agradecermos a Deus por aquilo que temos, nós reclamamos por aquilo que não temos. Até mesmo na aflição, será que agradecemos a Ele por sustentar nossa existência, salvando-nos do pecado, providenciando roupas para nossas costas, comida para nossas barrigas e um lugar para repousar nossa cabeça?

Não, pelo contrário, nos esquecemos dEle. Nós intencionalmente negligenciamos reconhecer Sua provisão em cada área de nossas vidas. Falhamos em não considerar Suas graças ou agradecê-lo por cada bem do dia.

Atribuímos tudo a causas secundárias: nosso próprio esforço, leis naturais ou mera sorte. Nos esquecemos que "Se fosse intenção dele, e de fato retirasse o seu espírito e o seu sopro, a humanidade pereceria toda de uma vez, e o homem voltaria ao pó" (Jó 34.14-15). Em nossos pensamentos e ações, nós o retiramos de Seu trono e O tratamos como um espectador. Nós só o procuramos quando estamos com dor. Não negamos Sua existência só para o caso de Ele poder nos ajudar, mas não O glorificamos por quem Ele é.

Não importam nossas circunstâncias, se boas ou más, Deus ainda é Deus. Quer gostemos ou não, Ele ainda é soberano. Se negarmos a Ele a adoração, Ele ainda é louvado. Se o negarmos gratidão, Ele ainda é bom.

Deus Jeová merece louvor porque Ele é o único Deus. Ele cria a vida e a sustenta. Ele abençoa os justos e os injustos. Por Sua própria sabedoria e poder Ele faz com que todas as coisas cooperem para o bem. Que outro Deus é tão generoso com criaturas tão ingratas nascidas do pó?

Quando negamos a glória que Ele merece por direito, demonstramos que somos tão perversos quanto os ateístas convictos. Nos tornamos como aqueles de quem Jesus diz: "Este povo me honra com os lábios, mas o seu coração está longe de mim" (Mt 15:8). Dizemos que cremos nEle, mas na realidade O ignoramos. Nós ainda seguimos com nossas vidas como se Ele não existisse. Acordamos, fazemos planos e nunca consideramos Sua vontade e autoridade. Nunca paramos para orar, ou estudar ou meditar sobre Ele. E especialmente quando os tempos são difíceis, não encontramos nenhuma razão para agradecer. Nós, então, não pensamos e agimos como um descrente?

Nos tornamos excessivamente arrogantes quando falhamos em dar graças a Deus. Nos tornamos retraídos com nossa própria glória e satisfação. Nós não notamos a Deus e agradecemos o mensageiro. Louvamos o mensageiro humano, mas nunca o Senhor que comprou os presentes. Pensamos que tudo foi feito por nós. Assim, nos tornamos nosso próprio deus e perseguimos seja lá o que nos traga felicidade momentânea.

Se isto não é verdade, então por que nos rebaixamos na bebedeira, drogas e imoralidade sexual? Por que ficamos gordos enquanto outros passam fome? Por que não temos tempo para Deus quando sempre parece que temos tempo para nós mesmos? Por que exaurimos nossos recursos por alguma causa, mas nunca mencionamos Cristo a nossos vizinhos? Por que fofocamos e criticamos? Por que mentimos, defraudamos e roubamos? Por que cometemos assassinatos e adultério? Porque nos sentimos no direito, pois esquecemos a Deus.

O caminho para a perdição começa com a ingratidão. Deveríamos estar aterrorizados de nossa natureza orgulhosa e egoísta. Mesmo na aflição, será que demos a Deus ações de graças? Nós O louvamos por nos permitir ainda viver e respirar? Enquanto nós tivermos a capacidade mental, deveríamos agradecê-lO diariamente. Não há desculpas para a nossa ingratidão. Não há motivo pelo qual não podemos dar "graças em todas as circunstâncias, pois esta é a vontade de Deus para vocês em Cristo Jesus" (1Ts 5.18).

Eu entendo como é difícil dar graças a Deus quando os tempos são dolorosos. Eu também luto para encontrar coisas pelas quais ser grato quando estou sofrendo. Mas eu me faço reconhecer que Deus ainda é bom para comigo. E fico maravilhado que Ele continuamente tolera meu coração egoísta e ingrato.

Portanto, eu devo louvá-lO, porque eu não serei como aqueles pagãos ingratos. Eu não me permitirei me afastar tanto para que Deus me entregue a meus próprios desejos e destruição. Eu já testemunhei como minha ingratidão passada me levou a vãs perseguições e aumentou minha dor. Portanto, todos devemos louvar a Deus por Sua infalível graça e longanimidade.

# Meu Enganoso Coração

*"Nós pecamos. Faze-nos tudo o que te parecer bem, mas, por favor, livra-nos ainda esta vez."*

**Juízes 10:15**

Um grande terror me dominou no meio da noite e minha alma ficou profundamente perturbada. Eu acordei percebendo que meu arrependimento aconteceu, não por causa do meu desdém pelo pecado, mas porque Deus havia me afligido. Foi somente depois de eu ter sido ameaçado e ter sofrido perdas que eu desisti do pecado. Antes disso, minha consciência não estava convencida nem o meu coração estava quebrantado. Foi só por causa da dor que eu finalmente sucumbi ao arrependimento.

Então, por que eu realmente me arrependi? Eu lamentei a respeito de minhas iniquidades? Eu abandonei meus pensamentos perversos ou o meu amor pelas posses? Eu fiquei mais cuidadoso com o que eu via e ouvia? Eu deixei uma rédea curta na minha língua? Fui diligente na oração? Dei alegremente aos necessitados? Meditei diariamente na palavra de Deus? Estava anunciando propositalmente a Jesus como o Cristo? Ajudei e encorajei meus irmãos? Não, antes de minhas aflições, não fiz nada disso.

A verdade é: Eu não seria diferente hoje se Deus não tivesse me afligido, e esta percepção me deixou alarmado. E se eu não tivesse sido afligido? E se Ele tivesse me deixado para meu egocentrismo e fé morna? Eu estava contente em viver a vida nos meus termos. Eu só me arrependia quando as consequência me causavam dano. Mas contanto que eu conseguisse escapar delas, eu estava feliz em dar abrigo a meu mau caráter.

Será que sou diferente dos adúlteros israelitas? Eles deixaram de lado seus deuses estrangeiros, mas somente depois que eles foram aterrorizados e amedrontados. Somente depois disso eles buscaram a ajuda do Senhor, mas seu arrependimento ainda foi por interesse próprio. Seus motivos sempre foram para ajudar a si mesmos e escapar da perseguição. Pois, assim que Deus os salvou eles deram suas costas a Ele.

Então, como posso saber que não será o mesmo comigo? Eu imagino, sem saber, que agora eu sou verdadeiramente fiel, mas eu já não estive aqui antes? E qual foi o resultado de meu arrependimento anterior? Sim, a reforma durou um tempo, mas eventualmente retornei a outros deuses. "Mas não desta vez", meu arrogante coração declara. Oh, quão enganoso é o meu coração.

Talvez por debaixo de toda a minha fé, de toda minha confissão, de todo meu arrependimento, de todas as minhas petições e de todas as minhas boas obras esteja uma estratégia egoísta. Minha natureza pecaminosa navega minha embarcação pelo via de menor resistência. Minha carne não se importa se ela usa os ventos de Deus ou algum outro poder. Ela tem seu próprio planejamento e destino. Ela irá abusar da graça de Deus para seus próprios fins. Se minha carne pensa que por meio de uma reforma parcial ela pode ficar livre da dor, se ela determina que a oração diligente e obras de arrependimento trarão alívio, ela parecerá honesta e sincera. Mas, na realidade, ela busca somente sua própria vontade.

É aterrador pensar que minha presente submissão possa ser ainda por interesse próprio. A carne é afligida e não tem poder para salvar, então, e somente então, ela apela a Deus. Se e quando Deus remover Sua mão, será que eu irei novamente dar as costas para cumprir meus próprios desejos?

Se é a dor que me mantém dependente de Deus, então que Ele continue a me esbofetear até que meu orgulho seja completamente quebrado. Meu enganoso coração deve estar exaurido de todos os seus recursos. Ele deve ser espancado até que aprenda que a salvação de Deus não pode ser manipulada para seu próprio benefício.

Então, que meu coração pecaminoso fique desapontado. Que Deus recuse todos os meus desejos. Que Ele me abandone no fosso do desespero. Que eu nunca pense que foi por minha própria fidelidade ou obras de justiça que alcancei a libertação. Não, que Ele me esqueça até que eu aprenda que não há nada em mim que mereça a salvação. Que eu nunca pense que posso usar e manipular a Deus para minha própria vantagem. Não, deixe-O ser soberano, Deus Todo-Poderoso. Que Ele faça o que deseja até que eu esteja quebrantado, até que eu tenha me rendido completamente. Oh, miserável homem que sou!

# Não Morto Ainda

*"Os que pertencem a Cristo Jesus crucificaram a carne, com as suas paixões e os seus desejos."*

**Gálatas 5:24**

Se um cadáver fosse privado da comida, ele sentiria fome? Se um morto perdesse seu lar e seus tesouros terrenos, isso o incomodaria? Se ele fosse insultado, difamado e acusado, ele ficaria aborrecido? Se seu corpo fosse espancado, acorrentado e lançado na prisão, ele gritaria? Se sua família se juntasse a ele na morte, ele lamentaria?

Infelizmente, eu percebo quão viva a minha carne ainda está. Se tivesse sido crucificada com Cristo ela não sentiria essa irrazoável quantidade de dor. Se minha natureza pecaminosa estivesse morta, a perda externa não me afligiria tanto. Mas eu sinto uma tristeza opressiva. As palavras más machucam. A perda da minha família traz uma terrível tristeza. Ameaças me aterrorizam. Tudo que eu estimava se foi e isso dói persistentemente.

Alguns podem argumentar que estes sentimentos são justificados, que eles são o resultado natural da perda. Mas um crente crucificado com Cristo não consideraria estas aflições fossem tão astronômicas e este santo não ficaria tão cabisbaixo por causa delas.

Quando Jó perdeu toda sua riqueza e seus filhos, ele ainda louvou ao Senhor. Quando Paulo e Silas estavam presos, eles cantaram hinos. Quando Pedro e João foram espancados, eles se regozijaram. Não importa que perseguição eles sofreram, eles estavam alegres, sem medo, e aparentemente não afetados com a situação (pelo menos não como eu estaria).

Seus exemplos lançam luz sobre meu caráter perverso e não regenerado. Sua prontidão prova que minha fé não está somente em Cristo. Sua alegria inesgotável mostra o quanto eu ainda busco o conforto nas armadilhas mundanas. Sua braveza demonstra quão pouca confiança tenho em Deus.

Pois quando os ataques externos destroem minha paz, quando as perdas roubam minha alegria, quando o futuro me assusta, eu claramente não estou crucificado para este mundo. O "velho homem" ainda vive e respira. Se somente Cristo vivesse em mim, eu estaria imune às doenças do mundo.

Eu não sei o que é pior: a dor da aflição ou perceber por que eu sinto tanta dor. É triste descobrir que todo o meu tumulto interior, todo meu medo, todo meu desespero é porque eu ainda reino em meu coração. Eu cresci pecaminosamente ligado a este mundo e a seu conforto. Eu amo outros acima de Cristo. Bem lá no fundo eu não temo perder a Cristo tanto quanto minha saúde, liberdade e família.

Eu percebo que todas as perdas causam algum sofrimento. Jesus, que era realmente crucificado para este mundo, ainda experimentou tristeza. Nós não podemos escolher ficar completamente desligados daquelas coisas com as quais até mesmo Deus se importa. Mas a pergunta que eu continuo fazendo é: Quanta dor interior devo sentir por causa dessas perdas? Em que momento meu luto se torna perverso e demonstra falta de amor por Deus? Que medida do luto é aceitável e, por outro lado, qual a medida que o torna pecado?

Já que eu sei que meu coração é enganoso e minha natureza luta para reter seu conforto, só existe uma maneira que eu posso estar de acordo com a vontade do Senhor. Eu devo deliberada, completa e absolutamente me render a meu Pai.

Eu me entristeço por ter perdido tantas bênçãos, mas se Deus não acha mais adequado que eu as aproveite então devo deixá-las.

Se eu nunca mais tiver outro minuto com minha esposa e filhos, então Ele deve ser minha única família. Se Ele deseja que outros me amaldiçoem, então devo suportar seus insultos. Se Ele exige que eu morra na prisão, então eu humildemente me submeto à sua determinação.

Tudo isso ainda é doloroso? Sim, mas eu descobri que é muito menos doloroso deixar essas coisas do que lutar para manter todas elas. Tentar manter todos os desejos como se estivessem presos à uma corda é exaustivo. Ainda assim, confiando todas as coisas ao cuidado e vontade de Deus, muito desta agonia é reduzida. Os medos, iras e preocupações antigas desaparecem. Ao entregar tudo a Ele, eu só tenho que me preocupar em ser fiel a cada momento.

Nós, como nosso Mestre, devemos entregar todas as outras afeições, exceto nosso amor por Ele. Quando nosso homem interior está atormentado e aqueles sentimentos dolorosos retornam, devemos novamente cair de joelhos e nos reconhecer mortos para mundo. Devemos avaliar se nossas emoções e seus graus são justificáveis.

Pergunte-se: "Esta perda, este ferimento, esta negação afligem Jesus da mesma forma? Se não, então negue-se a si mesmo o ímpio direito do luto e preocupação excessivos. Entregue cada cuidado, cada dor, cada medo, cada esperança nas mãos de Deus. Crucifique diariamente a carne pecaminosa, pois "fomos sepultados com ele na morte por meio do batismo, a fim de que, assim como Cristo foi ressuscitado dos mortos mediante a glória do Pai, também nós vivamos uma vida nova" (Rm 6:4).

# Não Apenas Sobreviva às Provações

*"Quando se retira a escória da prata, nesta se tem material para o ourives."*

**Provérbios 25:4**

Quando considero as provações que suportei, fico triste pelo meu coração teimoso que falhou tão frequentemente, se recusou a ser purificado ou a se submeter à mão de Deus que estava trabalhando durante a provação. As aflições devem ser um processo de refinamento que queima as impurezas em nossos corações e erradica nosso orgulho. Por meio do sofrimento, nossas afeições pelas coisas terrenas são ranqueadas em sua ordem correta e nossa vontade se torna subserviente à vontade de Deus.

Contudo, quando encarei a morte, quando meus entes queridos foram levados, quando minhas aspirações foram destruídas, eu aprendi nada. Nenhuma obra foi realizada em minha dura cerviz e em meu coração incircunciso. Eu simplesmente entrei em outra faixa na estrada da perdição.

Como Sansão que nunca enxergou a vaidade de seu passado, eu também nunca voltei a meus sentidos. Cego de coração, eu só enxergava minha própria dor e o ataque de meus inimigos. Eu recusava aceitar que Deus desejou meu sofrimento. Eu não ouvi o chamado do vigia e nem a repreensão do profeta. Eu entendi nada, aprendi nada e falhei em permitir que minhas provações me levasse para mais perto de Cristo.

Mesmo embora eu professasse crer no Deus Todo-Poderoso, eu voluntariamente dei minhas costas a Ele durante meu grande desespero. Eu esqueci os planos que tinha para glorifica-lO e o dever que, eu sabia, era exigido. Eu fugi da casa do meu Pai para ficar livre de Suas exigências e viver da forma como eu queria. E, ainda assim, Ele me deixou fugir de Seu amor. Ele não recusou minha rebelião. Ele não me arrastou do chiqueiro, pois eu desejava mais suas alfarrobas do que Seu Pão. Eu não acordei de minha insanidade, pois eu estava contente em me deitar na imundície.

Toda vez que eu pecava simplesmente trabalhava para mitigar suas consequências. Quando não encontrava contentamento em uma busca, procurava outro tesouro vazio. Eu continuava esmurrando o ar, lutando com todas as minhas forças para encontrar paz, mas ela sempre fugia de mim. Quando Deus me disciplinou, eu não me arrependi, mas simplesmente tentei sobreviver. Eu me esforcei para fazer o melhor de minha condição, mas dentro de mim eu nunca mudei e nunca me submeti.

Eu era jovem e agora sou velho. Anos de sofrimento se tornaram vaidade para mim. Meu corpo está gasto. Minha mente está mais devagar. Ainda assim, meu coração está persistente em sua oposição à direção de Deus. Minhas esperanças terrenas estão mortas, ainda assim meu coração está ainda mais fossilizado.

Eu estou cansado, abatido e cheio de sofrimento sem fim. Eu não aguento mais ser chicoteado, ridicularizado, difamado e atacado para somente sobreviver. Eu não quero mais simplesmente atravessar a tempestade. Eu desejo que meu sofrimento signifique alguma coisa, que faça alguma coisa em mim. Eu quero morrer neles e ressuscitar para uma nova vida. Qual é o sentido da minha aflição se eu não chego mais perto de Deus? Qual é o bem da provação se ela não me torna mais parecido com Seu amado Filho, Jesus Cristo?

Meu Pai, permita que Sua aflição revele meu pecado. Destrua meu orgulho e toda a minha autoconfiança. Permita que minha autossuficiência seque. Dê-me olhos para ver Sua mão trabalhando. Dê-me ouvidos para ouvir Sua suave e doce voz. Tome o que quer que Você deve para que eu possa finalmente e mais completamente conhecer a Ti. Arranque meu conforto. Deixe que meus acusadores me humilhem. Lance-me na prisão para que possa ser livre.

Eu sou nada sem Ti. Eu não me importo mais com minha vida terrena. Eu não quero mais apenas sobreviver. Eu só desejo ser como Tu. Faça o que tens que fazer para me salvar de mim mesmo. Eu sou Teu. Seja feita a Tua vontade.

# Lembrar para Esquecer

*"Já a ponto de sair-lhe a vida, quando estava morrendo, deu ao filho o nome de Benoni. Mas o pai deu-lhe o nome de Benjamim."*

**Gênesis 35:18**

Benoni, que significa "filho da minha aflição", foi o nome que Raquel deu a seu filho recém-nascido durante os últimos minutos de sua vida terrena. A amada de Jacó morreu imediatamente depois de seu nascimento. Seu marido, contudo, se recusou a chamar seu recém-nascido de "filho da minha aflição". Ao invés disso, Ele lhe deu o nome de Benjamim, que significa "filho da minha direita".

Poderia se pensar que Jacó, pela devoção que tinha por sua esposa, manteria o nome dado por ela. Mas a despeito de suas afeições por ela, Jacó não permitiria que o nome de seu filho fosse uma constante lembrança de sua perda. Ele não permitiria que seu sofrimento persistisse ou deixaria que seu filho se sentisse culpado pela morte dela. Toda vez que alguém falasse o nome de Benoni, Jacó se lembraria da perda de sua amada esposa.

Quando experimentamos uma grande perda, normalmente pensamos sobre isso constantemente. Somos consumidos pela tristeza conforme continuamente focamos em nossa calamidade dia após dia. Ao invés de encher nossas mentes com o que é verdadeiro, nobre, justo, puro, amável ou digno de louvor, pensamos a respeito do que é falso, imoral, injusto, corrupto, feio e crítico. Consequentemente, nosso espírito se entristece, se amargura e fica desanimado "pois conforme ele pensa em seu coração, assim ele é" (cf. Pv 23:7).

O que esperamos ganhar ruminando acerca de nossa própria condição? Qual é vantagem em focar em nossas perdas ou se preocupar a respeito de um mal potencial? Nosso sofrimento irá trazer nossas pessoas amadas de volta? Nosso desespero mudará nossas circunstâncias? Se não podemos fazer nenhum fio de nossa cabeça branco ou preto, como a preocupação nos beneficia? Refletir sobre o mal alguma vez já trouxe alguma disposição piedosa?

Não é verdade que a constante lembrança de coisas ruins somente nos faz ficar mais tristes e amargurados? Não é verdade que o medo do futuro nos paralisa? Ele não nos faz cegos e retraídos? Ele não nos rouba de fazer ou aproveitar qualquer bem? Ele não aumenta nosso desencorajamento? Ele não somente exagera e exacerba nossa própria condição? Ele, por fim, não leva a acusar e odiar a Deus?

Nossos próprios pensamentos podem se tornar nossos maiores inimigos e obstáculos. Especialmente na aflição, nossa constante obsessão com a dor de hoje e as preocupações de amanhã irão, por padrão, nos derrotar. Lembranças persistentes da perda só nos impulsionarão à uma depressão mais profunda. Esses pensamentos negativos se tornam nossa realidade, e nós, subsequentemente, nos tornamos desesperados.

Paulo, um ex-perseguidor dos cristãos, decidiu esquecer o passado. Ele disse: "uma coisa faço: esquecendo-me das coisas que ficaram para trás e avançando para as que estão adiante" (Fp 3:13). Paulo poderia ter definhado em culpa, lamentado suas perdas e permanecido em seus sofrimentos, mas ele não o fez. Ele tomou a firme decisão de deixar o passado, viver no presente e esperar no futuro.

Pelo nosso contínuo foco no passado, cegamos a nós mesmos ao presente e nos aleijamos para o futuro. Como a esposa de Ló, nós estamos tão tristes pela dor que perdemos o resto de nossas vidas olhando para trás. Semelhantemente, não consideramos como nossa obsessão com o passado machuca a todos no presente e a nós mesmos no futuro.

Eu me lembro de estar tão perturbado em minha aflição que eu me recusava comer, não conseguia dormir e acordava com pesadelos. Eu era incapaz de trabalhar ou de fazer qualquer coisa construtiva. Tudo o que fiz foi ficar jogado e lamentar minha condição. Meus pensamentos estavam fixos na minha condição presente, em que confortos eu tinha perdido e que dificuldades ainda estavam por vir. Eu era totalmente inútil para mim mesmo, para minha família e para Deus. Eu, diferente do filho pródigo, estava contente em chafurdar na lama da tristeza e desespero ao invés de ser liberto pelos cuidados do meu Pai.

Eventualmente, entretanto, eu tive que decidir levar "cativo todo pensamento, para torná-lo obediente a Cristo" (2Co 10:5). Eu tinha que esquecer minhas afeições pelos bens perdidos, aceitar minha condição presente e confiar minha vida a Deus. Nada de bom veio de minhas fixações ímpias ou de minha tristeza desproporcional. Eu tinha que aceitar que se era Sua vontade que eu sofresse a perda, que eu suportasse a difamação, que eu fosse profundamente machucado, então que assim fosse. Se Ele escolhesse me levantar ou me abater, dar ou tomar, eu concluí que "Ele é o SENHOR; que faça o que lhe parecer melhor" (1Sm 3:18).

Você também terá que expulsar pensamentos desencorajadores acerca do futuro. Você terá que superar suas perdas e focar no ganho eterno. Submeta-se à vontade de Deus seja qual for sua circunstância, para que todos possamos dizer com confiança: "Faça ele comigo a sua vontade" (2Sm 15:26).

# Dê Graças a Deus

*"Deem graças em todas as circunstâncias, pois esta é a vontade de Deus para vocês em Cristo Jesus."*

**1 Tessalonicenses 5:18**

Assim como o orgulho leva ao descontentamento, da mesma forma o descontentamento leva à ingratidão. Quanto mais descontente alguém se sente, mais ingrato será. Não importa quanta comida, riqueza, estima, amigos ou amantes um homem possua, ele nunca estará agradecido se ele acredita que merece mais.

Nós, cristãos, devemos estar atentos a uma disposição ingrata. Com que frequência reclamamos acerca de nossa comida, roupas, trabalho, amigos, cônjuge, igreja, governo e até mesmo do clima? Não há nada na criação de Deus que não critiquemos. Nada é bom o bastante, e nada parece nos satisfazer por muito tempo.

"Os olhos são a candeia do corpo. Se os seus olhos forem bons, todo o seu corpo será cheio de luz. Mas se os seus olhos forem maus, todo o seu corpo será cheio de trevas. Portanto, se a luz que está dentro de você são trevas, que tremendas trevas são!" (Mt 6.22-23) Se olhamos para o mundo através dos olhos do amor, estamos cheios de alegria e esperança. Mas quando enxergamos tudo através de uma lente negativa, estamos cheios de miséria e desespero.

A ingratidão é uma doença que começa no coração e se espalha através de todo nosso ser. E conforme criticamos, indiretamente acusamos o Provedor. Assim como Israel, nos tornamos insatisfeitos com o maná. Exigimos carne e ficamos chocados quando Deus nos castiga conforme nos empanturramos em Sua providência.

O número de pecados excede em muito as veze em que dei graças a Deus. Eu não posso imaginar o quanto esta ingratidão fere meu Pai. Nós, pais, toleramos nossos filhos quando desobedecem, mas ficamos furiosos quando eles constantemente choram e reclamam. Aceitamos que eles farão bagunça, mas não toleramos pirralhos egoístas. Quanto mais, então, nossa ingratidão entristece nosso Pai? Nossos pecados, com certeza, causam a ira de Deus, mas quanto a nossa ingratidão perfura Seu terno coração?

Por que os cristãos redimidos são tão ingratos quanto os não salvos? Por que somos tão críticos como os ímpios? Os salvos pela graça de Deus não deveriam ser os mais agradecidos, os menos julgadores de toda a face da terra?

Ainda assim, muitas vezes nós não o somos. Somos exatamente como o mundo e nos perguntamos por que as pessoas não estão se ajuntando às nossas assembleias. O que você supõe que mais machuca a Deus: um ateu rebelde ou um santo livremente justificado que não lhe oferece o louvor?

Quando considero tudo o que Deus fez por mim, eu fico mais envergonhado de minha persistente ingratidão do que qualquer outra coisa. Eu fico maravilhado que Deus não me matou, só por esta razão. Eu nunca lhe dou graças a não ser que Ele me livre da dor ou de alguma consequência. Eu estou chocado com meu direito egoísta. E especialmente quando eu sofro, mal lhe dou graça pelo que Ele provê. Miserável homem que sou!

O desejo de Deus, contudo, é para que Seu povo seja agradecido em todas as coisas, mesmo durante o sofrimento e as perdas. Ao invés de reclamar, devemos abrir nossos olhos para suas constantes bênçãos. "Pois Deus, que disse: 'Das trevas resplandeça a luz', ele mesmo brilhou em nossos corações, para iluminação do conhecimento da glória de Deus na face de Cristo" (2Co 4:6). Deus não iluminou nossos corações pelo Espírito Santo para ficar preso na masmorra do descontentamento. Ele não nos libertou da escravidão do pecado para ficarmos acorrentados pela ingratidão.

Não é fácil ser agradecido quando suportamos as tribulações, ainda assim devemos decidir dar graças a Ele. Comece agradecendo a Deus por Sua redenção por meio de Jesus Cristo. Agradeça a Jesus por Sua prontidão em morrer em nosso lugar. Olhe para Jesus e mantenha um olho aberto para os bens que você desfruta hoje.

Se você conseguir fazer isso, uma grande mudança de paradigma acontecerá. Toda sua disposição mudará, e ao invés de focar nas perdas você verá qual é seu ganho. "Toda boa dádiva e todo dom perfeito vêm do alto, descendo do Pai das luzes" (Tg 1.17). Descubra essas coisas e lembre-se, então, de Lhe dar graças.

# Entregue-se

*"Nas tuas mãos entrego o meu espírito."*

**Salmo 31:5a**

Muito antes de Cristo gritar essas palavras sobre cruz, Davi as expressou. Durante a perseguição, ele clamou ao Senhor. Seus olhos estavam cheios de tristeza. Sua confiança estava se exaurindo. Suas forças estavam no fim. Seu nome era difamado e seus amigos mais próximos o ridicularizavam. Estranhos o evitavam, e seus inimigos conspiravam contra ele. Como Cristo, que foi desprezado e rejeitado, e assim como nosso Senhor, Satanás procurou sua destruição.

Em algum momento, os escolhidos de Deus enfrentarão perseguição. Talvez não tão severa como a que Jesus sofreu, mas Deus nos levará a um lugar de completa impotência. É vital, quando rodeados de inimigos, que desistamos de nossa confiança na carne e sangue.

Todos nós anteriormente confiávamos em nossa própria justiça. Pensávamos que poderíamos salvar a nós mesmos por nossa própria sabedoria e força, mas somos dados a doenças, perdas e perseguições onde não podemos mais escapar. Neste momento temos duas opções. Podemos continuar a lutar contra nossos inimigos ou nos entregar à confiança de Deus. Isso parece óbvio, mas é muito mais difícil do que imaginamos.

Cada fibra de nosso ser resiste violentamente à entrega. Quando ameaçados, nosso instinto natural é lutar e se não podemos vencer, rapidamente fugimos. Usamos qualquer meio para escapar do sofrimento e evitar a perseguição. Lutamos com o que pudermos. Fugiremos. Nos esconderemos. Mas nunca nos entregaremos.

É por isso que Deus deve nos levar aos nossos limites. Ele sabe que nós tentaremos todos os recursos possíveis para resistir a Seu controle. Então, nosso Pai aumenta a tribulação e dá a nossos inimigos um poder maior. Não aceitamos imediatamente a realidade de nossa impossível situação. Pelo contrário, continuamos a fugir e lutar sem conseguir nenhum resultado. Encharcamos nossas roupas com lágrimas, nos preocupamos e até desejamos nunca termos nascido, mas não nos entregamos.

A única salvação está em nos entregarmos completamente a Deus. Não somente nosso intelecto, nossos pensamentos e ações, ou mesmo nossos desejos, mas nossa existência como um todo deve ser colocada em Suas mãos. Tudo deve ser entregue: nossas esperanças e sonhos, nossos medos e ansiedades, nossas vontades e desejos, nossos corpos e almas, nossos cônjuges e filhos. Cada respirar, cada segundo de nossa vida deve ser oferecido a Ele sem condição, sem querer tirar vantagem, ou qualquer esperança, a não ser de ser Sua possessão.

Sabemos disso teoricamente, mas ainda hesitamos em submeter toda nossa vida a Deus. Retemos a nós mesmos porque não cremos nEle ou o que cremos a Seu respeito não é verdade.

Se pensamos que Deus é um Juiz sem misericórdia pesando nossas obras em uma balança, iremos pesar uma porção de nós mesmos, mas nunca nosso peso inteiro. Não nos submeteremos à um Rei errático porque Ele pode mudar e nos punir. Se não acreditamos que nosso Pai se importa conosco, ficaremos desconfiados de Seus planos. Se não conseguimos imaginar que Ele irá cumprir Sua palavra, não confiaremos nEle. E se enxergamos a Deus como um ditador cruel, obedeceremos parcialmente, mas somente por causa do medo. Manteremos nossa distância e só confiaremos a Ele o que achamos que Ele é digno de possuir.

Existem muitas mentiras que temos acerca de Deus. Quando não submetemos nossa vida a Ele, provamos que não acreditamos nEle ou que amamos mais a nós mesmos. Podemos não admitir ou nem perceber isso, mas lá no fundo, escondido em nosso coração, não importa o quanto negamos, nós não acreditamos.

Por que Davi e Jesus foram capazes de suportar tamanha perseguição? Por que eles não se vingaram quando tiveram a oportunidade? Como eles podiam ser falsamente acusados e não se defenderem? Como eles ainda estavam em paz durante intensa aflição? Porque eles realmente criam em Deus.

Eles voluntariamente deram a Deus o controle completo porque eles confiavam nEle de todo coração. Com total confiança eles sabiam que Deus os amava. Ele era o seu refúgio e fortaleza. Ele era sua mãe galinha que os manteve seguros sob Suas asas. Deus foi bondoso e cuidou de cada preocupação deles. Eles haviam visto os livramentos passados de Deus e sabiam que Ele sempre cumpre Sua palavra. Eles, em troca, O amaram e confiaram que Ele faria tudo para o seu bem.

Até que alcancemos essa convicção, continuaremos a lutar. Seremos aterrorizados por incontáveis pensamentos. Nos desesperaremos sempre que a redenção parecer impossível. Continuaremos a lutar para salvar a nós mesmos. Assumiremos que nossa punição é merecida e depreciaremos a nós mesmos. Até mesmo acusaremos Deus de injustiça e exigiremos que Ele nos salve ou não o adoraremos.

Pensamos que nossos pensamentos a respeito de Deus são corretos e que nossos motivos são bons, portanto, falhamos em compreender por que Ele se faz surdo quando falamos. Ele talvez não ajude porque nós não nos rendemos a Ele ainda. Temos uma corda amarrada a nós mesmos e não a largaremos. Não podemos entregar todas as coisas a Seu cuidado porque, na realidade, não confiamos nEle.

Pelo contrário, confiamos mais em nós mesmos do que em Deus. Pensamos que podemos resolver tudo sozinhos e fazer tudo por nós mesmos. Ainda acreditamos em nosso próprio poder para salvar. Só aceitamos Sua ajuda se ela está de acordo com nossos planos e se Ele faz o que achamos que Ele deve fazer. Exigimos que Ele lute por nós, mas somente nos nossos termos.

Deus não nos aceitará com alguma contingência. Como Criador, Salvador e Senhor, Ele exige toda nossa existência. Ele requer confiança completa. Ele não nos aceitará sob nenhuma outra condição.

Não podemos afirmar que nos entregamos a Ele, mas guardamos uma porção de nós mesmos. Deus não será zombado. Como Pedro disse a Ananias: "como você permitiu que Satanás enchesse o seu coração, ao ponto de você mentir ao Espírito Santo e guardar para si uma parte do dinheiro que recebeu pela propriedade?" (At 5:3) Deus deve ser confiado com todas as coisas ou nada.

Até que possamos dar a Deus tudo, Ele ficará de lado e esperará por nosso arrependimento, não um arrependimento de obras mortas, mas de nossa rebelião contra Ele como Senhor. Até que entreguemos tudo a Seu governo, seremos criaturas miseráveis, "mente dividida e é instável em tudo o que faz" (Tg 1:8). Devemos amá-lo mais do que a nós mesmos, mais do que nosso nome, mais do que os prazeres e confortos, mais do que comida e segurança, mais do que nossos direitos e liberdade, mais do que nossos cônjuges e nossos filhos.

Quando nós finalmente resolvermos em nosso coração que tudo é do Senhor e nós não iremos manter nada dEle, então, e somente então, Ele começará a trabalhar em nós e por nós. Somente então seremos livres de toda dúvida, ansiedade e medo. Somente então descobriremos a paz duradoura e uma alegria que transcende nosso sofrimento particular.

# Completamente Impotente

*Ó nosso Deus, não irás tu julgá-los? Pois não temos força para enfrentar esse exército imenso que vem nos atacar. Não sabemos o que fazer, mas os nossos olhos se voltam para ti."*

**2 Crônicas 20:12**

Impotente. Essa é a minha experiência durante as provações. Seja ela uma doença física, problema financeiro, acidentes estranhos, julgamento de irmãos crentes, rejeição pela pessoa amada, difamação feita por amigos, opressão das autoridades, perseguição dos inimigos, ou a perda de um filho querido, eu descobri que sou completamente incapaz de salvar a mim mesmo.

Não tenho nenhum lugar para ir, nenhum lugar para me esconder, nenhum lugar para fugir. Estou preso em uma armadilha, lançado em um poço sem fundo e trancafiado dentre de uma cidade sitiada. Eu não tenho uma arma com a qual lutar, nem posso pensar em uma grande estratégia que possa me salvar. Eu sou completa e definitivamente impotente.

Eu sei que minha condição não é única. Eu sei que muitos têm sofrido e morrido de doenças, muitos são deficientes e rejeitados, muitos têm sido envergonhados e ridicularizados pela igreja, muitos têm perdido entes queridos e muitos têm sido forçados a assistir seus filhos com dores.

Muitos estão desabrigados, famintos e sem esperança. Muitos são perseguidos e violentamente expulsos de seus lares. Muitos têm sido difamados, acusados falsamente e até mesmo sentenciados a morte. Eu não estou sozinho, pois esta parece ser a situação comum do povo de Deus, grandes e pequenos, ricos e pobres, negros e brancos, homens e mulheres.

Você também não está sozinho, mesmo que pareça dessa forma. Você se sente desesperado e está cansado de sentir dor. Você sente que mal consegue sobreviver. Cada minuto você é castigado com a dúvida. A tristeza é insuportável. As noites insones são exaustivas. A perda é irreparável.

E o medo, oh o medo, do que vem a seguir, de como você pode conseguir chegar a outro dia, outra hora, ou até mesmo outro minuto. É aterrorizante e devastador. Sua situação parece desesperadora. Você implora por alívio, mas ele não vem. Você clama dia após dia, mas parece não haver fim. Você se sente preso, sozinho, amedrontado e impotente.

Quando eu leio os Salmos, posso me relacionar somente pela metade. Eles dizem: "O Senhor os ajuda e os livra; ele os livra dos ímpios e os salva, porque nele se refugiam" (Sl 37:40). Ainda assim, eu não estou livre. Os profetas afirmam: "Conforme o que fizeram lhes retribuirá: aos seus inimigos, ira; aos seus adversários, o que merecem" (Is 59:18). Ainda assim, meus inimigos triunfam sobre mim. Está escrito que "o Senhor ouve o pobre" (Sl 69:33), mas Ele nunca responde minhas orações.

Impotente. Eu conheço muito bem. Como Israel, eu não tenho poder contra este grande inimigo, e eu não sei o que fazer. Eu só continuo a esperar para ver se Deus me salvará. Em muitos casos, meus queridos amigos, isso é tudo o que podemos fazer.

Eu sei que tentamos consertar tudo, mas algumas coisas não podem ser consertadas. Muitas aflições duram a vida inteira.

As doenças matam. A deficiência permanece. As reputações são destruídas. A liberdade é tomada. As famílias são destruídas. Os filhos são perdidos. E nossas circunstâncias permanecem inalteradas, somos escravizados pela tristeza, medo e dúvida.

Impotente. Sim, somos impotentes. O fato é: Sempre fomos. Só não tínhamos percebido. Éramos impotentes contra o pecado, não éramos? Tentamos viver do jeito certo, mantendo Seus mandamentos, oferecendo boas obras, mas "todos pecaram e estão destituídos da glória de Deus" (Rm 3:23). Tentamos obedecer a Deus, tentamos parar de pecar, largar os vícios, mas falhamos vez após vez. Não há maneira de derrotar o pecado por nós mesmos.

Gostamos de pensar que somos poderosos, que podemos controlar o que acontece, mas a realidade é que somos impotentes até mesmo sobre nós mesmos. É por isso que "quando ainda éramos fracos, Cristo morreu pelos ímpios" (Rm 5:6). O que isso significa a não ser que éramos absolutamente, de todas as maneiras, completamente impotentes? Se pudéssemos derrotar o pecado, "se a justiça vem pela Lei, Cristo morreu inutilmente!" (Gl 2:21) Mas Ele morreu, portanto, provou que o homem pecador é impotente para salvar a si mesmo.

Considere, então, como sua atual situação não é diferente. Por que você acha que agora você pode salvar a si mesmo? Como seu presente dilema é diferente de sua luta contra o pecado? Em sua presente provação, o que você realmente pode fazer? Você não tinha controle sobre o que aconteceu, e você continua impotente sobre o que acontecerá. Assim como você estava sem poder para salvar a si mesmo do pecado, assim também você está impotente agora sobre esta presente aflição.

Algumas vezes levam anos de perseverança em meio às provações para aceitar a realidade de sua impotência. A verdadeira pergunta é: Você pode aceitá-la? Ou você precisa se prender à ilusão do controle? Você consegue aceitar que você pode continuar nesta tribulação até a morte? Você consegue aceitar que sua condição pode nunca melhorar? Você consegue aceitar um Deus que nem sempre promete alívio nesta vida? Você consegue aceitar isso?

Deus pode salvá-lo desta provação, mas Ele continuará sendo seu Deus se salvar ou não salvar? Sua herança nEle é melhor do que o que você pode ter nesta vida? Sua comunhão com Ele é mais importante do que um relacionamento com qualquer outra pessoa? Seu conforto eterno é maior do que o alívio temporário? Seu amor por Ele é maior do que suas afeições por qualquer pessoa ou qualquer coisa?

Quando você pode honestamente dizer: "Sim, Ele é meu amor, Ele é minha porção, Ele é meu conforto, Ele é minha esperança", então venha o Inferno ou inundação você não será abalado. Por causa de Deus, você pode ser amaldiçoado e ainda ser abençoado, desprezado e ainda favorecido, morto e ainda vivo, esquecido e ainda encontrado, afligido e ainda resistente, amedrontado e ainda encorajado, rejeitado e ainda aceito, entristecido e ainda alegre, desesperado e ainda esperançoso, derrotado e ainda vitorioso, doente e ainda inteiro, humilhado e ainda exaltado.

O fato é: não podemos controlar o que nos acontece. Nossa integridade e fé são tudo o que podemos controlar. Esta curta vida na terra não passa de um ponto na linha do tempo da eternidade. O que acontece conosco agora fará pouca diferença nos Céus. A única significância eterna será quão fiéis nós fomos em tudo o que nos aconteceu.

Lembre-se: "O SENHOR lutará por vocês; tão-somente acalmem-se" (Ex 14:14). Devemos parar de lutar tanto e simplesmente descansar na fé. Devemos esquecer a ideia de que podemos de alguma forma salvar a nós mesmos. Devemos entregar nossas fraquezas e confiar no Senhor. "Por isso não tema, pois estou com você; não tenha medo, pois sou o seu

157

Deus. Eu o fortalecerei e o ajudarei; eu o segurarei com a minha mão direita vitoriosa" (Is 41.10). Admita sua impotência e busque o Senhor Deus que detém todo poder.

# E Quanto a Eles?

*"Respondeu Jesus: 'Se eu quiser que ele permaneça vivo até que eu volte, o que lhe importa? Quanto a você, siga-me!'"*

**João 21:22**

Quando experimentamos grande perda e dificuldades frequentemente nos perguntamos por que os outros não são tão afligidos. Por que sofremos enquanto eles parecem imunes? Por que nossas esperanças e sonhos são frustrados enquanto eles prosperam? Por que ficamos doentes enquanto eles estão saudáveis? Por que somos perseguidos enquanto eles continuam sem serem perturbados? Por que nossos amados morrem enquanto eles desfrutam de suas famílias? Se todos os cristãos sofrem, então por que os outros cristãos parecem livres deste fardo?

Aqueles que estão acostumados ao sofrimento nunca questionam sua condição. Nós é que somos estranhos às dificuldades que são muito perturbadoras, pois a aflição ataca nosso pressuposto privilégio. Nosso incansável orgulho argumenta por nossos direitos e, então, compara nossa condição com a de outros. Como Pedro também perguntou: "Senhor, e quanto a ele?" Mas nosso argumento por "igualdade" é inválido por diversos motivos.

Primeiro, nossa pressuposição é baseada em ignorância. Temos um conhecimento íntimo de nossa própria aflição, mas realmente não sabemos como os outros sofrem. Assim como cada pessoa é diferente assim também o sofrimento de cada pessoa.

Quando Jesus ouviu que João havia sido assassinado, Ele saiu para lamentar. Ainda assim, multidões o seguiram para serem curadas de suas doenças. Elas nunca consideraram as aflições de Cristo ou o que Ele estava passando. Eles presumiram que o Filho de Deus lidou bem com a situação, portanto Ele deveria prestar atenção às suas necessidades. Semelhantemente, também não percebemos o turbilhão interior dos outros ou onde eles estão em sua caminhada com Deus.

Segundo, Deus produz para Seus filhos aflições específicas que lidarão com suas maiores necessidades. Nosso Pai conhece nossas falhas e quais dificuldades removerão nossa fraqueza. A maior falha de Pedro era seu orgulho, portanto, Deus permitiu que Satanás o peneirasse como trigo. João, contudo, não estava ordenado a esta tentação, pois não servia para suas específicas falhas.

Ainda assim, tão logo Pedro foi restaurado, ele chamou a atenção de Jesus para outra pessoa. Ao invés de crescer em seu relacionamento com Cristo, ele buscou comparar a si mesmo com outros. Depois de termos sido aceitos, também achamos difícil descansar em Sua presença. Devemos validar nossa posição e saber por que outros são tratados de forma diferente da nossa.

Terceiro: cada discípulo de Cristo glorifica a Deus de diferentes maneiras em momentos variados. Pedro eventualmente glorificaria a Cristo morrendo como mártir, mas João não teve essa oportunidade. João poderia ter reclamado que não havia sido lhe dado o privilégio de morrer publicamente no lugar de Cristo.

"Respondeu Jesus: 'Se eu quiser que ele permaneça vivo até que eu volte, o que lhe importa? Quanto a você, siga-me!'" (Jo

21:22) Como escravos de Cristo, não temos o direito de ditar como nossos Mestre lida conosco. É prerrogativa dEle que Ele "será engrandecido em meu corpo, quer pela vida, quer pela morte" (Fp 1:20).

Quarto, não é da nossa conta como Deus lida com Seus outros filhos. "Cada um deverá levar a própria carga" (Gl 6:5) e este fardo é suficiente. Como criancinhas estamos sempre comparando o tratamento de nossos pais com nossos irmãos. E se detectamos o menor traço de favoritismo reclamamos sobre essa pretensa injustiça.

Ao invés de ficarmos felizes pela graça de Deus demonstrada a outros, nos tornamos amargos e invejosos. Como servos egoístas reclamamos: "Estes homens contratados por último trabalharam apenas uma hora, e o senhor os igualou a nós, que suportamos o peso do trabalho e o calor do dia" (Mt 20:12). Mas nosso Mestre responde: "Você está com inveja porque sou generoso?" (Mt 20:15)

Deveríamos estar contentes por viver na graça de Deus e muito cuidadosos ao exigir justa compensação, pois "o salário do homem que trabalha não é considerado como favor, mas como dívida" (Rm 4:4). E o que cada um de nós merece?

Quinto, existe um Deus e Criador, e nós não somos Ele. Como está escrito: "Contudo, Senhor, tu és o nosso Pai. Nós somos o barro; tu és o oleiro. Todos nós somos obra das tuas mãos" (Is 64:8). Antes que Deus nos salvasse, éramos todos pedaços de barro inútil. Nós, portanto, não devemos reclamar sobre como o Oleiro nos molda.

"Acaso aquilo que é formado pode dizer ao que o formou: 'Por que me fizeste assim?' O oleiro não tem direito de fazer do mesmo barro um vaso para fins nobres e outro para uso desonroso?" (Rm 9:20-21) Nenhum de nós merece ser refeito como um vaso de misericórdia e ninguém deveria reclamar quando outro é moldado para uma honra maior.

Sexto, quando aceitamos a Cristo como Salvador, nós, sem condição, o aceitamos como Senhor. Ao aceitarmos a satisfação de Cristo do julgamento de Deus renunciamos ao julgamento baseado em nossos próprios méritos. Nós, portanto, não podemos exigir que Ele lide conosco como preferimos ou que sejamos tratados da mesma forma que outros. Como Cristo disse: "o que lhe importa? Quanto a você, siga-me!" (Jo 21:22)

Sétimo, quando não podemos cumprir o mandamento: "Alegrem-se com os que se alegram" (Rm 12:15) demonstramos nosso coração orgulhoso e egocêntrico. Ao invés de celebrarmos o retorno do filho pródigo, ficamos de fora da graça de Deus choramingando sobre como fomos maltratados.

Ficamos irados quando Deus é bom com outros dizendo: "Eu sabia que tu és Deus misericordioso e compassivo, muito paciente, cheio de amor e que prometes castigar mas depois te arrependes" (Jn 4.2). Como Jonas, nossos corações endurecidos não se alegram pelos outros, mas focam em nosso próprio conforto e estima.

Irmãos e irmãs, nós devemos ser diligentes para não deixar o espírito de murmuração se levantar em nossos corações. Não podemos acusar nosso Salvador de crueldade. Não podemos reclamar que nosso Mestre nos maltrata. Não podemos acusar Deus de injustiça. Somos todos abençoados com mais e recebemos o melhor do que merecemos por meio de Jesus Cristo. forma como Deus lida com Seus outros filhos não é da nossa conta. Nosso Senhor simplesmente ordena, "quanto a você, siga-me."

# Ore por Seus Inimigos

*"Mas eu lhes digo: Amem os seus inimigos e orem por aqueles que os perseguem."*

**Mateus 5:44**

Toda vez que ouvia essas palavras não conseguia compreender como isso era possível. Como poderia orar para que o bem acontecesse àqueles que me odeiam, me traem, me machucam e me desejam a morte? Como eu poderia orar, e ainda mais, amar essas pessoas tão perversas, más, cruéis, ímpias, vingativas, odiosas, mentirosas, blasfemadoras, hipócritas, invejosas, difamadoras e abusivas?

Este tipo de amor não está em mim. Nas profundezas da minha alma, o que eu desejo para meus inimigos é a destruição. Eu não desejo o bem para aqueles que me odeiam. Eu quero vê-los sofrer, e não posso imaginar como Deus desejaria qualquer bem para eles também.

De fato, se Deus me ama, Ele também não iria querer a destruição deles? Ele também não desejaria vê-los humilhados e forçados a sofrer pelo mal que me infligiram? Por que eu desejaria que eles estivessem confortados enquanto eles infligem miséria sobre mim? Se Deus fosse justo, Ele não desejaria que eles sofressem as mesmas aflições que eles me causaram?

Este misterioso mandamento de Cristo para amar nossos inimigos eu nunca pude entender. Quando outros trouxeram este versículo à minha atenção, eu respondi jocosamente: "É claro que eu oro pelos meus inimigos. Eu oro pela morte deles, para que eles queimem no inferno por toda a eternidade." Eu sabia que isto não era o que Cristo queria dizer quando Ele ordenou que buscássemos a Deus em favor de nossos perseguidores, mas por minhas declarações descuidadas a dureza do meu coração era evidente.

Somente depois que minha própria carne e sangue se levantaram contra mim que eu comecei a compreender o método e a graça por meio da qual podemos amar nossos inimigos. Somente depois que meu próprio filho declarou mentiras para me aprisionar e me roubar a liberdade eu pude cair de joelhos e orar, não somente para minha própria libertação, mas para o arrependimento e salvação de meu inimigo.

A perseguição do povo de Deus não são os golpes e pequenas injustiças que sofremos todos os dias. Não, quando Cristo se refere a perseguição, Ele está se referindo a inimigos que realmente nos odeiam e nos querem mortos. Ele está falando sobre pessoas que deliberadamente vêm atrás de você, mentem a seu respeito e utilizam todos seus recursos para te destruir. Eles irão tentar te machucar por quaisquer meios necessários. Isto, meus amigos, é perseguição.

Por causa de minha familiaridade com meu oponente eu sou capaz de ver através de toda raiva, ira e ódio. Porque eu ainda amo meu filho que me odeia, eu sou capaz de orar por ele.

Meu filho sofre de um vazio na alma que ninguém pode satisfazer, exceto Deus. Nem pai nem mãe, amigo ou amante pode preencher o vácuo da ausência de Deus que todos possuímos. Somente nosso Pai, por meio de Seu Filho Jesus Cristo, pode trazer perdão, paz e aceitação pela qual desesperadamente ansiamos.

Meu irado e odioso filho não tem essa paz de Cristo. Ele planeja e manipula. Ele mente e difama. Ele usa e abusa de qualquer pessoa que consegue, desesperadamente buscando por aquele descanso, mas aquela paz nunca virá até que ele encontre o Senhor Jesus. Como meu próprio filho se levanta e dá falsos testemunhos contra mim, eu só vejo uma alma desesperada e machucada. Eu o odeio por isso? Não, mas eu odeio o que ele está fazendo.

Mas então eu me lembro quão parecida sua raiva é com a minha, com a sua e com todos que não conhecem experimentalmente o poder salvador, a graça e o amor de Deus. Nós também, antes de Cristo, não usávamos outros para nossa própria vantagem? Nós não gastamos anos tentando satisfazer nosso desejo? Não mentimos, enganamos e roubamos? Não fofocamos e difamamos? Não lutamos para adquirir riqueza e estima? Não buscamos somente nosso próprio conforto e felicidade? Não nos rebelamos e traímos nosso próprio Pai?

Não fomos anteriormente governados pelo príncipe das trevas? Não estávamos contentes com um espírito de desobediência, sendo objetos da ira de Deus? "Todavia, Deus, que é rico em misericórdia, pelo grande amor com que nos amou, deu-nos vida com Cristo, quando ainda estávamos mortos em transgressões — pela graça vocês são salvos" (Ef 2.4-5).

Se este era o nosso caso, nossa antiga posição diante de Deus, se também estávamos mortos, perdidos e sem esperança, como podemos não orar por nossos inimigos que são cegos, mal orientados e vivem nas travas? Nossos mais perversos inimigos são o que nós éramos, não são?

Quem sabe se Deus estenderá a mesma misericórdia que nós agora desfrutamos a nossos acusadores? Quem sabe se por nos perseguir eles perceberão a vaidade de sua própria ambição? Quem sabe se por nos afligir eles verão a aflição dentro de sua própria alma sem Cristo Jesus? Talvez ao nos atormentar eles terão seu coração quebrado diante do Senhor Deus Todo-Poderoso?

Os inimigos dos filhos de Deus vivem sob a maldição de Deus. Deus disse: "Abençoarei os que o abençoarem e amaldiçoarei os que o amaldiçoarem" (Gn 12:3). Não existe pior posição para se estar do que debaixo da condenação e ira de Deus.

Portanto, sim, nós iremos orar por nossos inimigos. Nós amaremos os que nos perseguem. É para o próprio bem e salvação deles. E ao fazer isso mostraremos a nós mesmos que somos "filhos de seu Pai que está nos céus. Porque ele faz raiar o seu sol sobre maus e bons e derrama chuva sobre justos e injustos" (Mt 5:45). Que ele seja louvado para sempre.

# Sofrendo pela Força de Outros

*"Então sua mulher lhe disse: 'Você ainda mantém a sua integridade? Amaldiçoe a Deus, e morra!'"*

**Jó 2:9**

Geralmente nos esquecemos de que a esposa de Jó também tinha perdido tudo, incluindo seus próprios filhos em um único dia. E se não fosse o bastante para deixá-la em total desespero, ela estava fadada a assistir seu marido em constante agonia.

Todo dia ela acordava para ver Jó raspando o pus de suas feridas. E não havia nada que ela pudesse fazer, a não ser olhar. Certamente ela também se sentia a ponto de morrer e ela esperava que ele sentisse o mesmo. Mas seu atormentado marido corrigiu sua explosão impensada, pois Jó sabia que ela falava pela frustração e intensa dor emocional.

Deveríamos aprender a compaixão por aqueles que devem cuidar de outros que sofrem. É mais fácil, em minha experiência, ser afligido do que assistir impotentemente um ente querido sofrer. Quando somos afligidos ainda é nossa própria dor e podemos suportá-la com Cristo como nossa força e conforto. Cristo dá aos aflitos a paz, mas essa paz não necessariamente se estende àqueles encarregados de cuidar deles.

Quando eu tive que olhar nos olhos de minha amada esposa, as lágrimas de minha mãe, ouvir os gemidos do meu próprio pai, sentir o estranho silêncio de amigos, eu não podia deixar de ficar movido com compaixão por eles também.

Eu não posso consertar minha sentença. Eu não posso retirar sua dor por testemunhar meu sofrimento. Eu não posso nem prometer que tudo vai ficar bem. Eu não sei o que Deus me chamou para fazer. Eu posso morrer e nunca mais vê-los outra vez nesta vida. O único conforto que posso oferecer é uma esperança firme no Senhor, que Ele fará todas as coisas cooperarem para o bem. Não é surpresa, então, por que tantos perdem a fé em Cristo por causa do mal que sobrevém um ente querido.

Considere que nossas provações podem nem ser sobre nós ou nossa própria santificação. Podemos sofrer não por causa da nossa falta de fé, mas porque a fé de outro pode estar sendo testada e purificada por meio de sua própria incapacidade. Deus pode, de fato, afligir alguém para remir a fé de outro. Ele pode até mesmo afligir um crente por meio de não crentes, não para provar que o crente permanecerá firme em sua integridade, mas para exaurir a perversidade do perseguidor e trazer o descrente ao arrependimento.

O sofrimento nunca acontece no isolamento. As provações afetam a todos, até mesmo seres espirituais nas regiões celestiais. A perseguição impacta os afligidos e o que aflige. É por isso que Jesus ordenou que orássemos por aqueles que nos perseguem. Não temos ideia de como nossa integridade ou orações impactam os corações de um mundo irado, perdido e moribundo. Nós não sabemos como nossa fé afeta aqueles que estão mais perto de nós, aqueles chamados para sofrer conosco, que desejariam não ter sido chamados para testemunhar tal dor.

Vamos sempre orar pela força e conforto de nossos amados durante nossa própria provação. Quem sabe? Talvez sejamos afligidos para que eles possam ser fortalecidos. E talvez sejamos chamados para sofrer para salvar aqueles que nos odeiam.

# Culpa pelo Sofrimento de Outros

*"Estes não passam de ovelhas. O que eles fizeram? Ó Senhor meu Deus, que o teu castigo caia sobre mim..."*

**1Crônicas 21:17**

Não tem nada pior do que testemunhar nossos entes queridos sofrendo por causa de nossos pecados. Até mesmo nossos filhos são muitas vezes afligidos por causa de nossas más escolhas. Quando os vemos com dor, nossos corações ficam extremamente abatidos, sabendo que sua presente condição se deve a nossa perversidade passada.

Davi conhecia essa realidade muito bem. Somente ele ordenou o censo proibido. Posteriormente ele percebeu que havia pecado. Assim, ele imediatamente se arrependeu, mas a punição para sua transgressão já estava em andamento. As sementes de sua rebelião foram semeadas e nenhuma quantidade de súplicas mudariam a recompensa de Deus.

As Escrituras afirmam que "os pecados de alguns são evidentes, mesmo antes de serem submetidos a julgamento, ao passo que os pecados de outros se manifestam posteriormente" (1Tm 5:24). Muitos pecados colhem as consequências imediatamente, mas alguns ficam escondidos e apodrecem. Estes pecados fermentam vagarosamente. Eles gradualmente envenenam nossa vida e infeccionam nossos entes queridos. Uma vez que estamos livres do engano do pecado, podemos olhar para trás e ver como cada palavra descuidada e cada ato impensado machucou os outros. E nenhuma confissão ou arrependimento pode desfazer seus efeitos.

Embora sendo livres da condenação eterna, nós ainda testemunhamos nossos antigos pecados dando frutos de injustiça. Nunca poderemos desfazer o que fizemos. Não podemos desplantar o que semeamos ao vento nem podemos escapar de semear o furacão.

É triste perceber que não importa o quanto tenhamos mudado ou tentado deixar as coisas certas, nossos pecados do passado ainda causam grande sofrimento nos outros. Isto pode não ser evidente por anos, mas fique seguro de que "vocês não escaparão do pecado que cometeram" (Nm 32:23).

Setenta mil pessoas morreram como resultado desta transgressão de Davi. Eu não consigo imaginar a imensa culpa que ele sentiu enquanto assistia o anjo de Deus matar pessoa após pessoa. Ele poderia simplesmente ter se sentado em seu palácio para evitar assistir esta retribuição, mas Davi era movido pela piedade. Ele sabia que esta praga tinha sido causada por ele.

É por isso que Davi era um homem segundo o coração de Deus. Ele não inventou desculpas para seu pecado ou ignorou sua responsabilidade. Não, Davi aceitou toda a culpa e implorou a Deus para que ele sofresse no lugar do povo. Infelizmente, meus amigos, muitas vezes isso é tudo que podemos fazer. Só podemos aceitar a responsabilidade por nossas ações do passado e orar para que Deus seja misericordioso com os outros que sofrem como consequência natural.

Eu sei que quando olho minha vida lá atrás, eu percebo como meus pecados destruíram aqueles mais perto de mim. Eu aceito essa culpa e tenho visto como minhas escolhas ímpias também os levaram para uma vida de rebelião. Eu oro para que mesmo que eles me desprezem, eles venham a conhecer o Único que realmente os ama. Mesmo que eu tenha que suportar mais feridas para que meus entes queridos sejam livres do sofrimento, eu oro a Deus para que Ele seja ao menos misericordioso com eles.

Muitos de vocês podem se relacionar, pois vocês finalmente perceberam todo o mal e destruição que sua perversidade trouxe a este mundo. Você sentiu essa culpa. Você conhece o desânimo. Tudo o que você pode fazer é clamar por misericórdia por seus amados. E se Deus te humilhar ou te exaltar, você não discutirá com seu julgamento. Você sabe que merece coisa muito pior.

Deus nos ensina uma valiosa lição quando nossos pecados machucam aqueles que mais amamos. Nós sabemos mais completamente quão indignos nós somos de Sua misericórdia e graça. Nós vemos o grande amor de Jesus quando Ele voluntariamente sofreu a ira de Deus pelo nosso perdão. E sentimos a vilania do pecado e por que Deus o odeia tanto.

Você consegue ver? Você consegue ver quão horrível é o pecado? Você consegue ver como ele infecta a tudo e a todos ao seu redor? Você não lamenta por quão perverso você foi? Você não gostaria de desfazer tudo isso, que os outros fossem livres da aflição por causa do que você escolheu fazer e dizer de forma tão apressada e egoísta?

Deixe sua culpa penetrar, então quando você sentir aquele ódio poderá ver o quanto Deus deve te amar. Deus sabia das dores que suas escolhas trariam. Ele sabia que você machucaria a outros, ainda assim Jesus morreu por você sabendo de tudo isso de antemão. Você sabe que merece condenação eterna, mas Deus, porque te ama, oferece a você a vida eterna.

Você gostaria de estar morto por causa do tanto que seu pecado machucou os outros. Você oferecia sua vida de bom grado para remover a dor deles. A razão pela qual você se sente desta maneira é porque você agora sente como Deus sente. Você ama aqueles que machucam e você vê o sofrimento. Da mesma forma o nosso Pai. Assim como Davi, você clama a Deus para destruir você no lugar deles. Ainda assim, é sua vida que você oferece por eles, Deus oferece Seu Filho por você. Você gostaria que os outros fossem livres da culpa e da dor, assim também Deus oferece perdão e reconciliação a você.

Pense no quanto você ama seu cônjuge e seus filhos, e reconheça que seu Pai te ama ainda mais. Seja gracioso consigo mesmo. Pare de se torturar. Estenda a mesma compreensão e compaixão que você tem pelos seus amados a si mesmo.

Você também é filho de Deus e Ele te ama apesar do tanto que você falhou. Ele te perdoa não importa o quanto você pecou. Ele te cura apesar do tanto que você feriu os outros. Deus te oferece a mesma aceitação, perdão e misericórdia que a outros. Por maior que seja o teu amor pelos seus amados, o amor de Deus por você é ainda maior. Agora, deixe esse amor penetrar.

Deus te ama sem que haja alguma razão em você mesmo. Você sabe disso, não sabe? E mesmo que sua maldade não possa ser desfeita, Deus usará o seu mal para o bem, pois "sabemos que Deus age em todas as coisas para o bem daqueles que o amam, dos que foram chamados de acordo com o seu propósito" (Rm 8:28). Deus age em todas as coisas, coisas boas e coisas ruins, para o nosso bem final.

Deus usará seus erros para este propósito. Ele tem redimido as vidas anteriores do pecado desde a queda do homem. "Em amor nos predestinou para sermos adotados como filhos, por meio de Jesus Cristo, conforme o bom propósito da sua vontade, para o louvor da sua gloriosa graça, a qual nos deu gratuitamente no Amado" (Ef 1:5-6).

# Bêbado com o Espírito

*"Não se embriaguem com vinho, que leva à libertinagem, mas deixem-se encher pelo Espírito, falando entre si com salmos, hinos e cânticos espirituais, cantando e louvando de coração ao Senhor."*

**Efesias 5:18-19**

Se existe um período em que o crente é tentado a afogar suas mágoas no álcool, é durante a aflição. A dor da doença, a culpa do pecado, o vazio da perda, a tristeza pelo que morreu, o medo da perseguição, a vergonha da pobreza, e a solidão podem levar uma pessoa aos remédios do mundo. Com eles podemos rapidamente esquecer nossos problemas, embora seja por pouco tempo.

"Os dias são maus. Portanto, não sejam insensatos" (Ef 5.16b-17a). Este mundo nos tenta com soluções vazias para distrair nossas mentes da realidade. Ele promete alívio da tristeza, e os perdidos confiam a si mesmos a toda sorte de depravação para escapar de seu vazio. Cada alma é um vaso vazio que deve ser preenchido. Se não é satisfeito com o Espírito de Deus ele estará cheio de outra coisa.

Nossa provação tem revelado muito de nosso vazio. Deus removeu nossas distrações e confortos diários. E, agora, nos sentindo-nos vazios o adversário nos enlaça para utilizar seus meios. "Portanto, não sejam insensatos, mas procurem compreender qual é a vontade do Senhor" (Ef 5:17). Neste período de desespero, devemos rejeitar soluções vazias e permitir que Deus preencha o vazio de nossa alma. Somente Ele deve ser nosso conforto e refúgio.

Felizmente, Deus já prescreveu um meio efetivo pelo qual podemos encontrar consolo. "E a esperança não nos decepciona, porque Deus derramou seu amor em nossos corações, por meio do Espírito Santo que ele nos concedeu" (Rm 5:5). Seu Espírito preencherá nossas almas vazias se não estiverem cheias de outras coisas. Portanto, se estivermos cheios de vinho (ou de qualquer outra coisa inútil) o Espírito não tem onde trabalhar e aquela área de nosso coração estará desprovida de Sua paz. Ao invés de estar bêbado com o vinho, devemos estar bêbados com Seu Espírito.

Nada preenche nosso ser com boas coisas como cânticos espirituais. Nada muda nossas mentes em direção a Deus mais do que hinos cristãos. Nada traz mais conforto do que Seus Salmos. Nossos cânticos relembram o amor de Cristo. Nossos hinos glorificam a mão salvadora de Deus e nossos Salmos nos lembram de Sua santidade e poder. Com salmos, hinos e cânticos espirituais mudamos de ficar pensando em nossas tristezas para proclamar o amor, a suficiência, a justiça e a soberania de Deus.

Conforme cantamos para expulsar nossos problemas, estamos "dando graças constantemente a Deus Pai por todas as coisas, em nome de nosso Senhor Jesus Cristo" (Ef 5:20). Deus se agrada de nossa adoração pois "aos que são retos fica bem louvá-lo" (Sl 33:1). Conforme fazemos melodia em nossos corações, Seu Espírito nos enche com alegria, paz e confiança. Portanto, "Cantem ao Senhor um novo cântico, pois ele fez coisas maravilhosas; a sua mão direita e o seu braço santo lhe deram a vitória! (Sl 98:1)

# Combata o bom Combate

*"Sei que você é presunçoso e que o seu coração é mau; você veio só para ver a batalha".*

**1 Samuel 17:28**

O irmão mais velho de Davi queimou de raiva por causa da incrível fé de Davi. Por mais de um mês, Eliabe não tinha feito nada para silenciar Golias, o blasfemador do Senhor Deus. Mas, então, seu pequeno irmão chegou e teve a audacidade de crer que ele poderia triunfar sobre seu poderoso adversário.

Quando você veio a Cristo o mundo não te ridicularizou? Seus amigos e família não zombaram de sua nova esperança encontrada em Deus? Talvez seu próprio pai, mãe, irmão, irmã ou até mesmo cônjuge insultaram sua fé e confissão em Cristo Jesus. Talvez terríveis provações e dificuldades vieram à sua porta depois de sua conversão. Talvez você tenha ficado doente, perdido seu emprego, foi retirado de seu lar ou sofreu a perda de um ente querido. Essas dificuldades são normais para cada cristão.

Você não sabe que Satanás trava uma guerra para prevenir que qualquer um de seus escravos sejam livres de sua tirania? Infligir intensa dor imediatamente antes da liberdade de alguém é a prática padrão do diabo. Assim como os demônios guincharam e se agarraram em seu hospedeiro antes de serem expulsos, assim também Satanás aflige o crente no começo de sua redenção.

O adversário utilizará qualquer meio a sua disposição para dissuadir, desencorajar e destruir qualquer um que busque a liberdade. Ele te afligirá a fim de que você não possa ver as gloriosas riquezas que você pode ter em Jesus. Satanás causará todo tipo de guerras para que você não possa descansar na paz de Cristo. Ele lançará o ódio do mundo para que você não experimente o amor de Deus. Ele esmagará seus sonhos terrenos para que você não tenha esperança em Cristo. Satanás virá com vingança para destruir sua nova fé, e se não formos sábios em relação a seus métodos iremos facilmente retornar para descansar em sua prisão.

Mas não se enganem. Satanás não vai parar depois de sua conversão. Ele vai voltar outra vez em um momento mais oportuno. Toda vez que estamos fracos ou desanimados, ele encherá nosso coração de medo e dúvida. Toda vez que estamos confiantes e seguros, ele nos cegará para nossa vaidade e fragilidade.

Satanás tem pouca preocupação com aqueles que já estão debaixo de suas mãos. Sua constante atenção está voltada para aqueles que ele perdeu. Ele não sabia exatamente quem Jó era? Ele não precisava de uma apresentação. E pode ter certeza, meu querido irmão e irmã, Satanás e seus demônios sabem exatamente quem você é.

Ainda mais, quando buscamos aumentar nossa devoção a Deus, Satanás e seus demônios irão tentar impedir nossos empreendimentos. Quando frequentamos nossos encontros juntos, lemos mais nossas Bíblias, oramos sem cessar, damos sem medida, ajudamos os pobres, visitamos os que estão na prisão, ou anunciamos a Jesus como o Cristo, Satanás virá com muito mais aflições. Ele fará de tudo dentro de seu poder para parar estas nobres obras. Nós somos um vírus para o diabo, e ele não pode nos destruir, ele tentará conter a nós e nossa influência sobre o mundo.

Quando temos uma fé tranquila e ficamos no nosso canto, Satanás nos deixa quietos. Não somos uma ameaça a ele ou ao seu reino. Mas uma vez que nossa fé trabalha para o livramento de mais cativos, ele se torna empenhado em nos destruir, silenciar e fazer com que nos arrependamos de querer mais glória para nosso Senhor.

Os demônios não conheciam os sete filhos de Ceva, mas eles com certeza sabiam quem era o apóstolo Paulo. Isso porque Paulo estava atravessando o império libertando milhares de almas aprisionadas com o evangelho de Cristo.

Por que pensamos que nossa vida será diferente quando amamos o Senhor? Cristo advertiu seus discípulos de problemas, que até mesmo suas próprias famílias buscariam suas mortes. Então por que pensamos que seremos livres de tribulações neste mundo? O fato é: quanto maior é o trabalho que o servo de Deus realiza, maior será seu sofrimento e oposição. Muitas vezes é dessa forma que sabemos que estamos realizando a obra do Senhor.

Você acha que isso não é verdade? Não foram todos os pais da fé extremamente assediados e afligidos? Eles não sofreram fome e sede? Não foram espancados, aprisionados e até assassinados? O nosso próprio Senhor não sofreu uma morte humilhante? Por que isso? Porque, meus queridos amigos, estamos em guerra! Somos estrangeiros em uma terra estrangeira e Satanás deseja nos deportar.

Contudo, embaixadores estrangeiros que se sentam tranquilos na embaixada têm pouca influência, e soldados que nunca lutam não são ameaça. Portanto, se não dissermos nada ou não fizermos nadam não encontraremos muita oposição. Satanás estará contente em nos deixar sufocando lentamente pelos prazeres e preocupações deste mundo.

Eu me sentei desencorajado e amedrontado por dias quando Satanás usou as autoridades para tentar me silenciar. Tudo o que dizia seria usado contra mim, mas então eu pensei: "Quão amedrontado está este Príncipe das Trevas para que se preocupe com um verme como eu?" Não foi suficiente que sua ridicularização não desencorajou minha fé, então ele agora tinha que aumentar sua intimidação. Porque nosso adversário sabe que só é necessária uma pequena pedra de fé para derrubar seu campeão.

Você, querido leitor, pode estar sofrendo para este propósito. Talvez você tenha se colocado à disposição para ser mais útil no serviço de Deus. Talvez você tenha sido encorajado a compartilhar o evangelho ou ensinar seus filhos, ou talvez você tenha sido afligido para te despertar da sua negligência no dever.

Seja qual for a razão, tente pensar ao longo destas linhas. Tente ver qual vantagem você terá sobre os poderes das trevas nesta luta. Tente imaginar o que sua fidelidade durante a aflição declara aos inimigos de sua salvação. Tente perceber que ameaça você é e pode ser para o reino de Satanás.

Fique irado, mas fique irado contra Satanás. Veja o quão cruel ele é. Veja como ele ruge para te desencorajar. Ouça suas ameaças vazias. Veja quão perverso ele é e que por baixo de toda essa fúria o quão amedrontado ele está. Ele é tão fraco e patético, não é?

Nosso acusador não pode fazer mais do que nos assustar. Ele não tem mais influência do que nos afligir com doenças, tomar nossas posses, nos acusar, nos lançar na prisão, tomar nossos entes queridos ou matar nossos corpos. Ele perdeu o poder do pecado e da morte. Ele não tem autoridade sobre nossos corações e não pode destruir nossa fé. Meu irmão e irmã, combata o bom combate. Não fique desencorajado ou se encolha. Permaneça firme e espere pela salvação do Senhor.

# Transforme a Dor em Auxílio

*"O SENHOR lhe disse: 'Volte pelo caminho por onde veio, e vá para o deserto de Damasco. Chegando lá, unja Hazael como rei da Síria."*

**1 Reis 19:15**

O corajoso Elias estava fugindo da Rainha Jezabel. A reforma nacional que ele esperava depois de sua vitória no Monte Carmelo não aconteceu. Pelo contrário, as autoridades procuraram tirar-lhe a vida e ele se encontrou sozinho. Ele estava exausto e emocionalmente esgotado. Tendo desistido de toda esperança, ele orou: "Já tive o bastante, Senhor. Tira a minha vida; não sou melhor do que os meus antepassados" (1Rs 19:4).

Deus foi empático com o desespero de Elias e enviou um anjo para o alimentar e dar descanso. Ainda assim, Elias usou sua força para aumentar sua fuga e se retirar em uma caverna. Duas vezes Deus lhe perguntou: "O que você está fazendo aqui, Elias?" Mas Elias meramente reclamou de suas circunstâncias, mostrando como seu zelo foi recompensado com perseguição. Ele exagerou em suas tribulações como nós frequentemente fazemos, mesmo assim Deus não desperdiçou tempo discutindo com ele. Ele simplesmente ordenou que ele se levantasse e "Vai!"

Nós também nos tornamos inúteis quando sofremos aflição. Preferimos ficar deitado em nossa autopiedade, pensando em nossa situação. Pensamos que nosso sofrimento é pior do que dos outros e ao invés de lutar nos retiramos da obra de Deus para nos esconder em nossas cavernas.

O método mais seguro de escapar desta autocontemplação é ir e fazer alguma coisa produtiva para Deus. Elias lamentou o estado dos líderes de sua nação, mesmo assim Deus já tinha planejado que Elias iria apontar novos reis. A causa do sofrimento de Elias seria derrotada por sua próxima tarefa. Nós muitas vezes não percebemos que a fonte de nossa dor é conquistada pela nossa obediência ativa.

Muitos de nós sofrem com falta de dinheiro, mas deveríamos ir e ajudar aqueles que têm ainda menos. Alguns de nós estão doentes, mas devemos ir e confortar aqueles que também estão doentes. Alguns de nós têm lutado com o pecado, mas devemos ir e guiar aqueles que estão aprisionados pelo vício. Alguns de nós são ridicularizados e difamados, mas devemos ir e encorajar os desacreditados. E alguns de nós são perseguidos, mas devemos ir e fortalecer os exilados do mundo.

São nossas próprias feridas que são curadas quando cuidamos das feridas dos outros. O carcereiro de Filipos "lavou as feridas deles; em seguida, ele e todos os seus foram batizados" (At 16:33). Este soldado ao fazer o bem a Paulo e Silas recebeu um bem maior, a purificação dos seus pecados. Seja qual for sua aflição, é essa mesma dor que nos faz conhecedores, sensitivos e capazes de ajudar os outros que sofrem de forma semelhante.

Deus "nos consola em todas as nossas tribulações, para que, com a consolação que recebemos de Deus, possamos consolar os que estão passando por tribulações" (2Co 1:4). Somente aqueles que experimentaram a dor são capazes de ajudar os outros. Somente depois que Pedro negou a Cristo e foi restaurado ele pode fortalecer seus irmãos e alimentar os cordeiros de Cristo. Desta forma, sua própria falha se tornou em vitória para a igreja.

Esta presente provação que você sofre se tornará o maior benefício de outros. Suas próprias perdas se tornarão o maior ganho da igreja. Mas você deve "Ir". Levante sua cabeça, saia da sua cama e coloque as mãos na foice. "Abram os olhos e vejam os campos! Eles estão maduros para a colheita" (Jo 4:35).

Vire as armas do diabo contra ele. Ele deseja que você seja pobre, então ajude os desamparados. Ele deseja que você fique doente, então conforte os doentes. Ele deseja que você seja envergonhado, então encoraje os abatidos. Ele deseja que você fique sozinho, então ajude os solitários. Ele deseja que você tenha medo, então proclame a Jesus.

Seja qual for o mal que te aflige, faça o que nosso Pai sempre faz: use o para o bem. "Vocês planejaram o mal contra mim, mas Deus o tornou em bem, para que hoje fosse preservada a vida de muitos" (Gn 50:20).

# Abençoado pela Perseverança

*"Feliz é o homem que persevera na provação, porque depois de aprovado receberá a coroa da vida, que Deus prometeu aos que o amam."*

**Tiago 1:12**

As tentações com certeza não trazem felicidade. Elas causam uma rachadura no próprio ser e uma guerra entre seus membros. O espírito do homem deseja perseverar e enfrentar a provação, mas a carne deseja desistir e entrar em colapso.

As tentações soam a trombeta para a batalha com cada lado assumindo sua posição. Eles se armam e se preparam para a guerra. As estratégias são planejadas e executadas, e ao vitorioso vai os espólios da alma do crente.

As bênçãos de Deus não vêm para aqueles que somente sofrem a aflição. Não, Sua aprovação é dada àquele que persevera na provação sem se render ao inimigo. É durante a luta que o crente em Cristo demonstra sua aprovação. É na luta que a fé do crente é vindicada.

Dentro de toda provação há uma tentação escondida. É somente conforme a provação continua que nosso Pai revela o coração da pessoa. Dor intensa traz para fora nossa impureza medonha da mesma forma que a água sedimentada revela suas impurezas. O que a pessoa pode não ter percebido que estava em seu coração se torna exposto conforme a carne é esmurrada.

A covardia do corajoso Elias, a ira do manso Moisés, o orgulho do humilde Jó, a timidez do zeloso Pedro, a estupidez do sábio Salomão e a perversidade calculada do homem segundo o coração de Deus são exemplos de como as tentações revelam o que está errado nos eleitos de Deus.

Sem as tentações ou severas tribulações, o crente anda calmamente através da vida ignorante do mal que está à espreita em sua alma. O santo vai alegremente executando seu dever cristão, recusando o mal e fazendo o bem. Ele está em paz com sua situação e confiante em sua posição.

Mas quando chega a amarga provação, quando Deus desvia seu caminho, o cristão logo descobre que sua fé está fraca. Ele é pego de surpresa pela repentina perda ou perseguição. Ele descobre que ele ficou muito confortável, muito satisfeito consigo mesmo, muito contente com a mediocridade, muito ignorante da perversidade do pecado, muito enfatuado com o mundo, muito incompetente contra os esquema dos diabo, muito cego para o sofrimento de outros, muito desatento aos perdidos e muito deficiente em amor para com Deus.

Contudo, abençoado se ele perseverar. O crente deve permitir que a tempestade o acerte em cheio. Ele deve deixar que o calor do refinador complete seu trabalho. O aflito deve dar tempo ao Espírito de Deus para expor suas deficiências e insuficiências. Se não, se ele tentar desviar do plano de Deus, se ele fugir do gancho de poda do Marido, ele não dará frutos de justiça na estação correta. Ele permanecerá morto, inútil e pronto para o machado.

O santo sofredor deve humildemente suportar o castigo do Senhor. Ele deve se submeter como um filho a seu pai. Ele deve negar a si mesmo, tomar a sua cruz e tomar o jugo do Senhor sobre si. Ele deve aprender a obediência através do sofrimento, como seu Mestre. Ele deve se render a seu Pai em todas as coisas, em todas as questões, em todas as tarefas em todo tempo. Ele deve perseverar até que seja aprovado como fiel, confiável e firme, aprovado como um legítimo filho da fé, aprovado como um vaso para o serviço mais santo.

A aprovação de Deus é dada somente depois de perseverarmos. Devemos permanecer em nossa provação e labutar nela. Deus nos deu uma prática santíssima. Deus, por meio da aflição, removeu as escamas de nossos olhos para que finalmente pudéssemos ver. Ele lançou a luz de Seu Espírito sobre nossos corações. Nosso Pai nos deixa com o Pai celestial e a água viva para que, enquanto estivermos no deserto, possamos buscar o sustento somente de Cristo.

Tudo ficará mais claro durante a provação, cada prioridade, cada afeição, cada esperança, cada dúvida, cada medo e cada fraqueza. Quando somos afligidos estimamos a palavra de Deus, Seu Santo Espírito é solto, Seu Filho se torna o Amado e Deus o Pai é glorificado.

Quando perseveramos, provamos nosso supremo amor por nosso Criador. Nós tranquilamente esperamos pela Salvação do Senhor. Desistimos de nossa confiança no mundo e dos esquemas do homem. Nos gloriamos em nada a não ser na graça de Deus. Submetemos nossa vontade à Seus desejos. Pacientemente perseveramos, sabendo que Cristo aguarda nossa chegada. Permanecemos firmes e colocamos nossos pés na Rocha. Nossos rostos se tornam como pedra, impenetráveis c desavergonhados. Ansiamos por preencher o que resta em nossos sofrimentos por Cristo.

O crente firme está feliz em ser exibido diante de todo o exército celestial, ao ser contado como digno de Seu nome. Ele descansa na esperança da salvação eterna, livre desta vida de doenças, dor e morte. Ele estima suas riquezas em Cristo acima de qualquer oferta do mundo. Ele se coloca no altar de Deus para conforto ou aflição, alegria ou tristeza, vida ou morte. Ele está finalmente morto para o mundo, ainda assim vivo em Cristo, pois "o viver é Cristo e o morrer é lucro" (Fp 1:21). Este é abençoado por Deus conforme ele persevera, abençoado por ser aprovado, abençoado por ser amado e para amar a Deus. Bem-aventurado é aquele que persevera.

# Quem Mais?

*"Simão Pedro lhe respondeu: "Senhor, para quem iremos?*
*Tu tens as palavras de vida eterna."*

**João 6:68**

Muitas vezes quando eu estou amedrontado e sozinho parece que vou desistir. Eu não entendo por que isto está acontecendo. Não sei por que Deus permite que meus inimigos continuem me machucando. Toda minha esperança para esta vida terrena se foi, e seria mais fácil morrer do que continuar vivendo em tanta agonia.

Deus tomou minha família e é só uma questão de tempo até que minha liberdade também se vá. Eu não conseguirei enterrar meus pais ou ver meus filhos crescerem. Parece que eu estou destinado a apodrecer na não-existência pelo resto dos meus dias. Parece não haver propósito para a minha vida. Estou apenas existindo até que meu coração finalmente pare de bater.

Ainda assim, meus inimigos, até mesmo minha própria carne e sangue, estão felizes por verem minha vida na ruína. Me afligir é o esporte deles e a perversidade é uma piada para eles. Me ver sofrer é o maior prazer deles. Mentir, de alguma forma, dá propósito a eles. Eu não entendo a mente do ímpio.

Todo mundo que ouve a meu respeito foge da minha presença. Até mesmo a congregação de Deus não quer ter nada a ver comigo. Todos os meus amigos desapareceram, e eu sou tratado como um leproso coberto com a doença.

Ninguém se importa com a verdade. Todos têm seus próprios planos e preocupações. Lutar por mim não traz nenhum benefício, então eles se sentam em silêncio. As autoridades exibem meu nome com desgosto. Todos assumem que eu sofro porque eu mereço. Ninguém se importa e ninguém ouve.

Deus permitiu essa aflição por causa dos meus pecados. Ele viu como eu persegui coisas vãs, como eu adorei outros deuses, como eu coloquei minha esperança neste mundo. Mas onde está Seu julgamento? Onde está o conforto e a paz? Como Ele pode permitir que esta sentença injusta continue? Como Ele pode permitir que a perversidade triunfe? Onde está Sua compaixão e misericórdia?

Onde está seu amor constante? Onde está Seu braço direito de salvação? Onde está o bem que Ele prometeu aos que o amam? Será que Ele vai ordenar que minha vida seja nada mais do que miséria? O resto de meus dias deverão ser passados na ruína e na futilidade? Será que Ele irá redimir minha vida ou eu devo só sobreviver e esperar pela morte?

Muitos dias sinto que vou desistir de tudo e me pergunto: "Qual é o sentido?" Será que eu estou melhor me prendendo a minha fé? Por que não simplesmente amaldiçoar a Deus e morrer? Mas então eu recupero a razão e exclamo: "Para quem mais irei?"

Os apóstolos de Cristo também lutaram para entender os caminhos de Deus, pois como eles poderiam comer Sua carne e beber do Seu sangue? Tais práticas eram proibidas pela Lei, então as palavras de Jesus não faziam sentido.

Ao passarmos pela aflição, o plano de Deus parece confuso e ilógico. Seu propósito está escondido de nossa compreensão infantil. Mesmo assim, embora nós não entendamos nosso Pai, a quem mais nós deveríamos ir? Mesmo que nossa vida seja cheia de sofrimento, ausente de felicidade e pareça completamente sem esperança, a quem mais deveríamos ir?

Pois somente Jesus oferece as palavras de vida. Qualquer outro "profeta" ou "sábio" postula coisas hipotéticas sem sentido. Ninguém, a não ser Cristo, ressuscitou dos mortos. Ninguém, a não ser Jesus, promete nos ressuscitar também. Ninguém, a não ser Jesus, oferece qualquer esperança concreta.

Então, sim, podemos nos sentir sem esperança e sozinhos. Sim, podemos estar perdidos e confusos. Sim, podemos não ter nenhum futuro ou conforto nesta vida, mas a quem mais iremos?

# A Razão para o Sofrimento

*"Certo é que falei de coisas que eu não entendia, coisas tão maravilhosas que eu não poderia saber."*

**Jó 42:3b**

É presunçoso dizer que conhece a causa exata do sofrimento. Os amigos de Jó pensaram arrogantemente que eles sabiam por que Jó foi afligido. Ao invés de lamentar com ele e ser um encorajamento, eles se provaram "pobres consoladores" (Jó 16:2). Sua má compreensão, palavras mal colocadas e orgulho descarado somente somaram ao tormento de Jó.

Até mesmo a pessoa afligida pode causar mais perturbação ao tentar fazer com que a situação faça sentido. Eu devorei livros, busquei conselhos e orei incessantemente por discernimento, mas a realidade é: Eu realmente não sei por que este mal me aconteceu. Eu encontrei em mim mesmo uma arrogância para discernir a razão. Eventualmente, eu tive que me submeter ao governo de Deus e reconhecer, "Certo é que falei de coisas que eu não entendia, coisas tão maravilhosas que eu não poderia saber" (Jó 42:3).

Muito dano acontece quando presumimos saber a causa do sofrimento. Palavras nocivas são faladas. Sementes de dúvida são plantadas. A condenação prospera e a esperança se esvai. Não somente os outros podem infligir feridas por meio de seus conselhos, mas nós mesmos podemos piorar a ferida em nossos corações por meio de pensamentos ignorantes e perversos. Ao invés de permanecermos quietos, aceitarmos e

190

nos submetermos, lutamos interiormente para descobrir a raiz de nossa tribulação.

A razão pela qual é quase impossível saber a causa da aflição é porque nós não sabemos de tudo o que acontece no universo. Nós mal compreendemos que eventos nos levaram a nossa presente condição, o que dirá as forças espirituais que estão em ação. Quando Deus exortou a Jó e seus três amigos, Seu ponto era que somente Ele era o Criador e somente Ele sabia e governava todos os eventos do mundo. Quando asseveramos nossos pobres argumentos para a causa do sofrimento, o fazemos por ignorância e arrogância desenfreada.

Nem Jó nem seus amigos sabiam a razão do sofrimento dele, que aconteceu por causa das acusações de Satanás contra ele. O adversário afirmou que o povo de Deus só O temia para seu próprio benefício. Deus não foi levado a afligir Jó porque ele precisava de santificação. Deus já o considerava irrepreensível e íntegro (cf. Jó 1:8). O motivo real do sofrimento de Jó foi para invalidar a acusação do adversário. Ninguém, a não ser os residentes do céus, sabia disso.

Muitos argumentam que as provações ocorrem para gerar uma fé mais profunda no crente. Ainda assim, não foi por isso que Jó sofreu. Também não foi por isso que Abel foi morto, que a concubina do levita foi estuprada e morta, ou porque Urias foi sentenciado a morte por seu próprio rei. Estes morreram por causa da perversidade dos homens. Não há nada revelado nas Escrituras de que houve algum benefício espiritual para estas vítimas. Eles estavam mortos, e não havia santificação interna que pudesse ser obtida.

Alguns maus não podem ser traçados a escolha específica de um agente ou que Deus especificamente fez com que isso acontecesse. O sofrimento frequentemente acontece simplesmente porque vivemos em um mundo caído. O solo está amaldiçoado por causa do pecado do homem, e todos estão sentenciados a morte (cf. Gn 3:17-19). A criação está sujeita à futilidade e acorrentada na corrupção (cf. Rm 8:20-21). A torre de Siloé caiu e matou os galileus sem nenhuma razão específica. Posteriormente, Jesus usou esta tragédia para servir de aviso que "se não se arrependerem, todos vocês também perecerão" (Lc 13:5).

E quanto aos terremotos, furacões, tornados e doenças que matam milhares a cada ano? Deus deseja essas atrocidades? Ele exerce poder sobre eles, mas, conforme aprendemos na história de Jó, Satanás também pode conjurar tempestades (embora somente com a permissão de Deus). E quanto às guerras e genocídios? Deus também causa estes? Ele pode e o faz, da mesma forma que Ele usou a Assíria e a Babilônia para punir Israel. Contudo, até mesmo o maligno recebe permissão para utilizar as nações da mesma forma que ele usou o sabeus para roubarem as posses de Jó.

Com tantas coisas acontecendo no universo visível e invisível, convém a ninguém afirmar que eles sabem exatamente por que uma pessoa sofre. Até mesmo quem está sendo perseguido não pode saber com absoluta certeza porque o mal lhe sobreveio. Podemos tentar adivinhar. Podemos apelar a versículos das Escrituras, mas o fato permanece de que o homem finito não pode, sem sombra de dúvida saber com certeza. Assim como foi tolice dos amigos de Jó afirmarem que eles sabiam por que o mal lhe sobreviera, nós também podemos ser tolos ao declarar a razão.

Mas Deus não faz com que todas as coisas cooperem para o bem? Absolutamente, pois "sabemos que Deus age em todas as coisas para o bem daqueles que o amam, dos que foram chamados de acordo com o seu propósito" (Rm 8:28). Mas só porque Deus pode transformar o mal em bem não significa que o efeito do bem é a causa do mal. O motivo real permanece desconhecido a nós. Deus é soberano, ainda assim Ele permite que Suas criaturas escolham. E onde a liberdade do homem começa e termina é novamente uma questão que é maravilhosa demais para que conheça.

Tudo isso é mencionado para salientar a incrível vastidão desse tópico: a causa do sofrimento. Nós desejamos encontrar desesperadamente aquele versículo ou aquela simples interpretação que aquieta nossas mentes. Mas nós falhamos miseravelmente ao compreender a complexidade do universo ou a administração de Deus sobre Sua criação. Existem milhões de causas e efeitos que resultam na aflição, e nós não podemos saber ou compreender todas elas.

Infelizmente, existe uma arrogância escondida que aparece quando presumimos conhecer com absoluta certeza a causa do sofrimento. Muitas vezes é prejudicial expor nossa opinião àqueles que estão passando pela provação.

Pode ser que nós desejamos saber por que sofremos para talvez possamos concertar. Se somos afligidos porque pecamos, desejamos saber qual pecado causou isso para que possamos nos arrepender. Se somos perseguidos por causa de outra pessoa, desejamos saber quem devemos visar. Não gostamos de não saber, mas o fato permanece que você pode nunca saber nesta vida.

Tudo o que podemos saber com absoluta certeza é que nosso Deus existe. O soberano, todo poderoso, onisciente, que tudo vê, Senhor dos Céus e da terra te ama. "Graças ao grande amor do SENHOR é que não somos consumidos, pois as suas misericórdias são inesgotáveis" (Lm 3:22). Ele vê e redimirá a sua vida. Lembre-se: "Não se vendem dois pardais por uma moedinha? Contudo, nenhum deles cai no chão sem o consentimento do Pai de vocês. Até os cabelos da cabeça de vocês estão todos contados. Portanto, não tenham medo; vocês valem mais do que muitos pardais!" (Mt 10:29-31)

Nosso Senhor e Salvador, "Jesus Cristo é o mesmo, ontem, hoje e para sempre" (Hb 13:8). Da mesma forma que Ele era cheio de compaixão quando andou entre nós, da mesma forma Seu coração bate por você em seu período de aflição. Descanse no fato de que Jesus disse: "quem vier a mim eu jamais rejeitarei" (Jo 6:37) e "esta é a vontade daquele que me enviou: que eu não perca nenhum dos que ele me deu, mas os ressuscite no último dia" (Jo 6:39). Estas coisas nós sabemos que são verdade e imutáveis. Ao invés de lutar para compreender por que você está sendo afligido, coloque sua vida em Suas mãos e você nunca será envergonhado.

# Fique Alerta

*"Estejam alertas e vigiem. O Diabo, o inimigo de vocês, anda ao redor como leão, rugindo e procurando a quem possa devorar."*

**1 Pedro 5:8**

Depois que Satanás tentou a Jesus, ele O deixou até uma ocasião mais oportuna. Embora Cristo tenha triunfado em seu primeiro encontro, Ele sabia que o diabo não havia terminado. Cristo Jesus foi rápido em perceber os ataques de Satanás, até aqueles mais sutis.

A multidão queria torna-lO rei. A multidão continuamente louvava Suas boas obras. Seus oponentes exigiam que Ele provasse ser quem era por meio de milagres. Seus irmãos O incentivavam a promover a Si mesmo nas festas, e até mesmo Seus discípulos tentaram dissuadi-lO da crucificação.

Cristo foi tentado a glorificar a Si mesmo por meio da constante admiração do povo. Ele poderia provar Sua posição como Filho de Deus e tomar o que era Seu de direito. Contudo, Jesus intencionalmente se retirou destas tentações para humildemente orar sozinho. Ele ignorou os aplausos das multidões. Ele fugiu da tentativa deles de coroa-lO rei. Ele frequentemente se recusava a dar qualquer sinal para provar a si mesmo. Ele entrou secretamente no pátio do tempo e exortou Seu amigo por tentar dissuadi-lO do caminho do sofrimento. "Jesus não se confiava a eles, pois conhecia a todos" (Jo 2:24). Jesus conhecia seus motivos. Ele viu as entrelinhas da proposta e os meios injustos que eles sugeriam.

Cristo triunfou sobre as tentações porque Ele estava sempre alerta e em guarda contra as proezas e estratagemas do diabo. Ele recusou imediatamente cada tentação e nunca olhou para trás. Sementes injustas nunca tiveram um solo no qual crescer e produzir fruto perverso. Não importa se as tentações vieram de Seus inimigos, Seus amigos, ou até mesmo de sua família, Ele viu além delas para sua origem espiritual.

Nós, por outro lado, falhamos ao reconhecer os métodos do tentador. Nós somos como sonâmbulos em meio a tempos de paz e abandonamos nossas torres de vigia. Estamos precariamente preparados quando as tentações aparecem. Durante as estações de tranquilidade negligenciamos a oração fervente, perdemos nossas Bíblias, esquecemos a igreja e abandonamos nossos deveres. Assim como os apóstolos de Cristo, somos emboscados pelos enviados de Satanás e somos espalhados como ovelhas. Se estivéssemos em oração constante não fugiríamos com medo e não negaríamos nosso Senhor.

Geralmente estamos desatentos à grande guerra que está sendo travada no mundo espiritual. Nossos sentidos estão amortecidos para a presença e operação do inimigo. Negligenciamos nossa posição enquanto ele sorrateiramente se esgueira através dos portões de nossa cidade. Podemos ter sido vitoriosos contra os ataques anteriores, mas depois ficamos com excesso de confiança. Nós pensamos que porque ele fugiu não vai mais voltar. Mas fique seguro de que o adversário irá voltar novamente em um momento mais oportuno. Toda vez que ele não está atirando ele está recarregando.

Quando Satanás nos ataca é nossa preparação que nos dará a vitória. Se estamos fora da vontade de Deus, alheios às Suas verdades e relaxamos nas orações, as batalhas serão muito mais destrutivas. Quanto mais tempo levamos para colocar nossa armadura, mais ferimentos sofreremos e mais tempo durará a aflição. Mas se estivermos alertas e preparados, os mísseis serão facilmente absorvidos e o conflito será encurtado.

O diabo mirará em nossas vulnerabilidade e o que mais desafiará nossa fé em Deus. Nossas deficiências serão expostas durante a tribulação. Os ataques externos não são tão dolorosos como o turbilhão interior que as provações trazem. Se nossas meditações diárias não estão em Sua palavra ou se abrigamos orgulho escondido em nossos corações, estaremos extremamente mal equipados.

Fique alerta, querido irmão e irmã. Pondere cada pensamento e discirna sua origem. Pense antes de agir. Preste atenção aos lobos em roupas de ovelhas. Estude a palavra de Deus para aprender as estratégias de nosso adversário. E acima de tudo, "Vistam toda a armadura de Deus, para poderem ficar firmes contra as ciladas do Diabo" (Ef 6:11).

# Deus Vê

*"Para onde poderia eu escapar do teu Espírito? Para onde poderia fugir da tua presença? Se eu subir aos céus, lá estás; se eu fizer a minha cama na sepultura, também lá estás. Se eu subir com as asas da alvorada e morar na extremidade do mar, mesmo ali a tua mão direita me guiará e me susterá."*

**Salmo 139:7-10**

Existe alguma coisa mais aterrorizante para o ímpio do que saber que Deus vê todas as coisas? A perversidade se esconde em cavernas e espreita na noite. Eles gastam suas vidas nas sombras tentando fugir de serem descobertos. Eles afirmam ignorantemente: "Deus se esqueceu; escondeu o rosto e nunca verá isto... De nada me pedirás contas!" (Sl 10:11,13) Contudo, eles vivem com medo de um Deus justo, pois "quem pratica o mal odeia a luz e não se aproxima da luz, temendo que as suas obras sejam manifestas" (Jo 3:20).

Para evitar a realidade de Deus, os perversos "sentindo coceira nos ouvidos, juntarão mestres para si mesmos, segundo os seus próprios desejos" (2Tm 4:3). Eles esperam que o barulho dos quatrocentos profetas de Baal abafará a voz de Elias. Eles endurecem seus corações e tapam seus ouvidos à verdade. A ideia de que Deus está sempre assistindo é a mais terrível para aqueles que estão perecendo.

Mas para os piedosos Sua presença traz muito conforto. Conforme eu perco as coisas que me são preciosas, eu sei que Ele vê. Quando sou amaldiçoado, eu sei que Ele ouve. Quando afligido, sei que Ele sente. Quando acusado, eu sei que Ele no final julgará. Pois, "os olhos do Senhor voltam-se para os justos e os seus ouvidos estão atentos ao seu grito de socorro" (Sl 34:15).

Aonde quer que eu vá, Deus está. Cada palavra dura Ele ouve e cada injúria Ele vê. Ele não somente vê e ouve, Ele toma nota e age em meu benefício. "O Senhor é a minha força e o meu cântico; ele é a minha salvação" (Sl 118:14). O Senhor é a minha força e o meu escudo; nele o meu coração confia, e dele recebo ajuda" (Sl 28:7).

Assim, quando eu sofro, quando estou entristecido, quando estou cheio de medo, eu clamarei a Ele e Ele me ouvirá. "Na minha aflição clamei ao SENHOR; gritei por socorro ao meu Deus. "Do seu templo ele ouviu a minha voz; meu grito chegou à sua presença, aos seus ouvidos." (Sl 18:6) Deus sempre vê. Deus sempre ouve.

"Porque vivemos por fé, e não pelo que vemos" (2Co 5:7). Se só considerarmos nossa dor, nosso sofrimento, nossa doença, nossa perda ou nossos inimigos, seremos encurralados no medo. Se confiarmos somente nas soluções humanas, nos desesperaremos facilmente. Mas se olharmos com os olhos da fé, veremos além de nossas circunstâncias o nosso Deus que promete fazer com que todas as coisas cooperem para o bem.

Como aqueles da fé que vieram antes de nós, "todos estes viveram pela fé, e morreram sem receber o que tinha sido prometido; viram-no de longe e de longe o saudaram, reconhecendo que eram estrangeiros e peregrinos na terra. Em vez disso, esperavam eles uma pátria melhor, isto é, a pátria celestial. Por essa razão Deus não se envergonha de ser chamado o Deus deles, e lhes preparou uma cidade" (Hb 11:13,16). Pela fé esperamos por Sua salvação. Pela fé sabemos que Ele vê toda nossa aflição. Contudo, agora é o tempo de ativar nossa fé.

# Crucificado para o Mundo

*"Quanto a mim, que eu jamais me glorie, a não ser na cruz de nosso Senhor Jesus Cristo, por meio da qual o mundo foi crucificado para mim, e eu para o mundo."*

**Gálatas 6:14**

Morto para o mundo, não somente para o pecado, mas crucificado para tudo que o mundo defende, valoriza, busca e ostenta. Nós estamos mortos com Cristo para o mundo assim como por Sua morte ele está morto para nós. E assim como o mundo condenou nosso Senhor, assim também nós, Seus servos, somos condenados por ele.

As aflições deixam mais fácil visualizar o vazio, a futilidade e a vaidade deste mundo. E as perseguições nos despertam para sua maldade e animosidade contra nosso Salvador. Uma bênção oculta das provações é esta revelação. Pois o mundo nos enreda como uma mulher adúltera, mas agora vemos a crueldade de sua decepção. O mesmo mundo que não tinha lugar para o bebê Jesus não provê nenhuma residência para os exilados.

O mesmo mundo que permitiu que o Filho de Deus passasse fome não tem provisões para os excluídos. O mesmo mundo que abusou de Jesus continua a explorar os oprimidos. O mesmo mundo que O esqueceu abandona os desesperados. O mesmo mundo que rasgou sua carne aflige os humilhados. O mesmo mundo que condenou a Jesus odeia os justos. E o mesmo mundo que pregou a Cristo numa árvore continua a assassinar Seus parentes.

Não importa quão persuasivo ou atraente é, nós enxergamos a realidade da operação do mundo por meio de nossa aflição. É arrogante, cruel e egoísta. E sabendo o que o mundo defende podemos prontamente nos opor. Desconsideramos tudo o que ele busca. Desprezamos todos os seus valores. Confrontamos sua pregação e condenamos sua glória egoísta.

Mas não nos tornemos arrogantes no fato de que agora enxergamos a verdade da condição mundana. Porque é somente pela graça de Deus que esta realidade foi revelada a nós por meio da tribulação. Se não tivéssemos sido desapontados e frustrados, se não tivéssemos sofrido perdas, fome, doença, difamação, aprisionamento ou morte, teríamos continuado alegremente a presentear este amante cruel. Só porque Deus permitiu esta provação nossos olhos estão abertos.

Sem a intervenção divina é impossível para os ricos herdarem o reino de Deus, pois eles possuem os confortos e admiração do mundo. A não ser que os ricos sejam destruídos no espírito, eles não se submeterão a Deus, mas continuarão a glorificar a si mesmos. Contudo, o pobre nunca poderá fazer tal ostentação. Nós também, agora que fomos destituídos, não podemos mais nos gloriar em nós mesmos, devemos ser cuidados para nunca nos orgulhar quando a tribulação termina.

A humilhação da cruz de Cristo divide toda a humanidade. Para aqueles que foram salvos por meio dela, é sua única glória. Para aqueles que continuam condenados, é sua vergonha. Pois pela cruz Deus julgou o pecado e a injustiça, e aqueles que defendem essas coisas são, portanto, revelados como ímpios. Todas as coisas das quais o mundo se orgulha foram condenadas pela morte de Cristo, e assim todas as coisas que a cruz glorifica são ridicularizadas pelo mundo.

Pois a cruz demonstra a pecaminosidade do orgulho do homem. A humanidade, por meio da cruz, rejeitou a Deus, mas Deus, por meio da cruz, salvou o homem. A crucificação de nosso Senhor provou que nós somos, de fato, perdidos e incapazes de salvar a nós mesmos.

Assim, ninguém que vem até a cruz para justificação tem algo para se orgulhar em si mesmo. Somente na morte de nosso Salvador podemos nos orgulhar. O inocente Cordeiro de Deus levou nossos pecados e adquiriu nossa redenção, portanto os culpados que vêm a Deus podem prover nada para sua absolvição.

Nossa aceitação do gratuito presente de Deus significa que deixamos de pagar a redenção com a moeda das obras. Nós viemos a Deus culpados, sujos, não merecedores, indignos e falidos. Nada que trazemos subtrai ou adiciona ao sacrifício de Cristo. Portanto, clamamos o perdão de Deus somente por meio da morte de Seu Filho e abandonamos qualquer reivindicação de mérito próprio.

Assim, "O que você tem que não tenha recebido? E se o recebeu, por que se orgulha, como se assim não fosse?" (1Co 4:7). Sabendo que nossa salvação foi livremente concedida, também não nos vangloriemos em sua aquisição. Assim como a mão não pode levar o crédito por aceitar um presente, também não deveríamos colocar nossa confiança em nosso arrependimento, confissão, práticas religiosas, batismo ou boas obras.

"Porque somos criação de Deus realizada em Cristo Jesus para fazermos boas obras, as quais Deus preparou antes para nós as praticarmos" (Ef 2:10). Nossa obediência é o efeito natural do novo nascimento. Fé genuína pode estar plena de boas obras, mas Deus ainda é a causa. A cruz é a base de nossa glória e nosso orgulho está em nosso Senhor e Salvador, Jesus Cristo.

"Assim, aquele que julga estar firme, cuide-se para que não caia!" (1Co 10:12). Cada um de nós deve humildemente permanecer nesta graça e não pensar que podemos obter glória maior para nós mesmos por meio de obras externas. Conforme Paulo disse: "tendo começado pelo Espírito, querem agora se aperfeiçoar pelo esforço próprio?" (Gl 3:3). Não podemos nos orgulhar na morte do Senhor e em nossas próprias obras ao mesmo tempo, pois somente por meio de um destes é que permaneceremos diante do trono de julgamento de Deus.

"Já que vocês morreram com Cristo para os princípios elementares deste mundo, por que, como se ainda pertencessem a ele, vocês se submetem a regras" (Cl 2:20). O mundo nos tenta secretamente a retornar para a autoglorificação para perverter o poder absoluto da cruz.

Mas devemos lembrar que todas as coisas que o mundo defende perecerão. Todas as coisas que ele prega são inúteis. Todos os seus motivos de orgulho são completa vaidade. Assim como agora estamos mortos para o mundo, da mesma forma ele está morto para nós. Seu orgulho está em si mesmo; nosso orgulho está na cruz de Jesus Cristo.

# Conforto no Julgamento

*"Vi também os mortos, grandes e pequenos, em pé diante do trono, e livros foram abertos. Outro livro foi aberto, o livro da vida. Os mortos foram julgados de acordo com o que tinham feito, segundo o que estava registrado nos livros."*

**Apocalipse 20:12**

Quando sofremos injustiça, temos o consolo de que o Deus que vê e registra todas as obras dos homens irá julgar com justiça no final. Esta vida é cruel e injusta, mas o crente em Cristo tem esta promessa de que no último dia tudo será acertado.

"Porque não há nada oculto, senão para ser revelado, e nada escondido, senão para ser trazido à luz" (Mc 4:22). Todo mal infligido aos filhos de Deus está registrados no livro de Deus, e queles que afligiram os irmãos de Cristo serão julgados por sua crueldade.

Jesus disse: "'Digo-lhes a verdade: O que vocês deixaram de fazer a alguns destes mais pequeninos, também a mim deixaram de fazê-lo'. E estes irão para o castigo eterno, mas os justos para a vida eterna" (Mt 25:45-46). Cristo prometeu justa retribuição para nossos oponentes para que fossemos levados ao desespero ou que buscássemos a vingança por nós mesmos.

Neste mundo as pessoas sofrem independentemente de sua piedade. O ímpio continua a prosperar enquanto a justiça sofre grande perda. Aqueles que machucam os outros não são recompensados nesta vida. Não existe justiça real neste mundo, e esta criação amaldiçoada infecciona muitos com doenças e deficiências.

Os desastres levam milhões de vidas. Mulheres indefesas são estupradas, jovens garotas são vendidas como escravas sexuais, jovens pais são assassinados, famílias são expulsas de seus lares e crianças morrem de má nutrição enquanto as nações prósperas continuam a engordar.

É uma triste, porém verdadeira percepção de que a justiça nunca será servida nesta vida. Por mais que ansiemos para que as coisas sejam acertadas, o fato é que a justiça não é prometida por Deus antes do último dia.

De fato, nosso Senhor disse: "Neste mundo vocês terão aflições" (Jo 16:33) e Paulo advertiu ao jovem Timóteo: "De fato, todos os que desejam viver piedosamente em Cristo Jesus serão perseguidos. Contudo, os perversos e impostores irão de mal a pior, enganando e sendo enganados" (2Tm 3.12-13). Nós, portanto, esperamos o julgamento final de Cristo e a completa restauração quando o próprio Deus fará novas todas as coisas (cf. Ap 21:5).

Até lá, sofreremos perdas, dor e dificuldades. Até lá, Deus permitirá o mal e a rebelião. Até lá, a morte virá bater à porta de todos.

Embora alguns atribuam o mal ao destino ou sorte e outros a um poder cósmico e impessoal, o cristão deve reconciliar um Deus de amor e justiça com uma realidade cheia de ódio e corrupção. Durante este período de sofrimento e injustiça, o crente deve confiar no Deus que permite essas coisas. Ainda assim, ao invés de enxergar os eventos do mundo através dos olhos físicos, devemos interpreta-los com os olhos da fé.

Todos reconhecem o mal quando o veem, pois todos somos feitos à imagem de Deus. O mal não é uma ilusão. O descrente não pode acusar a Deus de permitir o mal se o mal não existe, e ao afirmar a realidade do mal eles afirma uma lei natural dentro do homem que diferencia entre o certo e o errado.

E todos reconhecem a injustiça quando a veem. Quando pais são assassinados e seus filhos morrem de fome, todos sabemos que isso é errado. Quando mulheres são estupradas e suas filhas vendidas a escravidão, sabemos que é injusto. Cada fibra de nosso ser exige justiça, e é somente um Deus soberano, onisciente e justo que pode retribuir adequadamente.

Ainda assim a justiça de Deus ainda não veio. Jesus escolheu não executar o julgamento durante sua primeira vinda dizendo: "Pois não vim para julgar o mundo, mas para salvá-lo" (Jo 12:47). Antes de Cristo pagar a pena pelo nosso pecado, todos estavam sob a sentença da condenação. Se Cristo tivesse pronunciado o julgamento durante sua primeira vinda, todos nós estaríamos sentenciados à morte eterna. Mas Jesus primeiro satisfez os justos requerimentos da lei para que, quando Ele retornasse, pudesse juntar um povo contado justo pela fé por meio de sua satisfatória expiação.

Até lá, a justiça está adiada. "Mas quando este sacerdote acabou de oferecer, para sempre, um único sacrifício pelos pecados, assentou-se à direita de Deus. Daí em diante, ele está esperando até que os seus inimigos sejam colocados como estrado dos seus pés" (Hb 10:12-13). Até que todos os inimigos de Cristo sejam subjugados, "ainda não vemos que todas as coisas lhe estejam sujeitas" (Hb 2:8). Até que Deus abra os livros para julgar os vivos e os mortos, os ímpios continuarão a promover o mal e a perseguir os filhos de Deus. Até aquele Dia, sofreremos catástrofes, perseguições, doenças e a morte.

A justiça não foi prometida nesta vida, portanto devemos aceitar isso. Nunca estaremos livres da dor, doenças ou desapontamento até que Deus restaure todas as coisas.

Continuaremos a ser perseguidos, difamados e acusados falsamente. Contudo, durante este período, deveríamos entregar tudo a nosso Pai, como Jesus que "quando insultado, não revidava; quando sofria, não fazia ameaças, mas entregava-se àquele que julga com justiça" (1Pe 2:23).

Estas duas verdades trazem ao cristão muito conforto. Primeiro, que o Deus que conhece todas as coisas "retribuirá a cada um conforme o seu procedimento" (Rm 2:6). Segundo, Ele "estabeleceu um dia em que há de julgar o mundo com justiça, por meio do homem que designou. E deu provas disso a todos, ressuscitando-o dentre os mortos" (At 17:31). O Homem que executará o justo julgamento é o mesmo Homem que morreu "para que, nele, fôssemos feitos justiça de Deus."

Que consolo é saber que o nosso Senhor e Irmão mais velho será o mesmo que executará a justiça no fim. Ele que conheceu a pobreza, a rejeição, a opressão, a difamação, a zombaria, os espancamentos, o abuso e a condenação injusta nas mãos de homens pecadores é o mesmo Homem que retornará "em meio a chamas flamejantes Ele punirá os que não conhecem a Deus e os que não obedecem ao evangelho de nosso Senhor Jesus" (2Ts 1:7-8).

"Pois não temos um sumo sacerdote que não possa compadecer-se das nossas fraquezas, mas sim alguém que, como nós, passou por todo tipo de tentação, porém, sem pecado" (Hb 4:15). Jesus, mais do que qualquer pessoa, entende nossas perdas e tristezas. Ele sentiu a mesma frustração e ira. Ele sabe exatamente como o tormento e a injustiça se parecem. "Assim, aproximemo-nos do trono da graça com toda a confiança, a fim de recebermos misericórdia e encontrarmos graça que nos ajude no momento da necessidade" (Hb 4:16).

Talvez não encontremos alívio e justiça até o retorno de Jesus, portanto, até lá, só podemos buscar a graça de Deus para conseguirmos atravessar estas horas mais sombrias. Ninguém, a não ser Cristo, pode apreciar completamente nossa dor e tristeza, e nenhum outro é competente para conceder conforto durante nossas tribulações.

Assim, sem reservas, entremos confiantemente na sala do trono de Deus por meio de nosso representante, Jesus Cristo. Entregue cada dor e cada preocupação a Deus. "Lancem sobre ele toda a sua ansiedade, porque ele tem cuidado de vocês" (1Pe 5:7).

# Sentença de Morte

*"O Cordeiro que foi morto desde a criação do mundo."*

**Apocalipse 13:8**

Antes que o homem se rebelasse contra Seu Criador, Deus "nos escolheu nele antes da criação do mundo, para sermos santos e irrepreensíveis em sua presença. Em amor nos predestinou para sermos adotados como filhos, por meio de Jesus Cristo, conforme o bom propósito da sua vontade" (Ef 1:4-5). Antes da queda, Deus já havia planejado salvar Sua criação das garras de Satanás por meio da futura morte de Seu Filho.

Esta redenção foi premeditada no sacrifício substitutivo de Seu Filho unigênito. O Filho amado de Deus sofreria a justa punição de Deus pelo pecado em favor do pecador. Deus, de acordo com Seu conselho e completo conhecimento, passou para a criação do homem, dizendo: "Façamos o homem à nossa imagem, conforme a nossa semelhança" (Gn 1:26). E com esta declaração, o Filho de Deus foi para sempre destinado a ser crucificado.

"Por isso, quando Cristo veio ao mundo, disse: 'Sacrifício e oferta não quiseste, mas um corpo me preparaste'" (Hb 10:5). Enquanto as pessoas se regozijavam com o nascimento de Cristo em Belém, Seu Pai secretamente lamentava a morte vindoura de Seu Filho. A morte de Cristo estava certa de acontecer, pois o nascimento de Jesus foi apenas o precursor de Seus sofrimentos. Desde a criação do mundo, o Filho de Deus carregava uma sentença de morte.

Pouco tempo depois de nossos pais pecarem, "O SENHOR viu que a perversidade do homem tinha aumentado na terra e que toda a inclinação dos pensamentos do seu coração era sempre e somente para o mal. Então o SENHOR arrependeu-se de ter feito o homem sobre a terra, e isso cortou-lhe o coração" (Gn 6.5-6).

A perversidade da humanidade entristeceu profundamente nosso Pai, mas o conhecimento de que Ele havia elegido Seu Filho para morrer por criaturas tão más O fez se arrepender de ter nos criado. Quando Deus olhou para baixo e viu nossa incompreensível perversidade, Ele dolorosamente se lembrou de que Lhe custaríamos a vida de Seu Filho.

Muitos de nós testemunhamos um ente querido suportar uma morte longa e dolorosa. Em algum momento preferimos que eles morressem do que continuassem a sofrer. Mas imagine se este ente querido fosse seu próprio filho e que você soubesse desde seu nascimento como ele iria sofrer.

Conforme você assiste seu bebê crescer, a dar seus primeiros passos, aprender a falar, a sorrir e gargalhar, você não ficaria arrasado de tristeza, sabendo de todo desapontamento, miséria, dificuldades e dores que ele sofreria? Se você soubesse de tudo isso de antemão, você ainda traria seu filho ao mundo? Você não concordaria com Salomão que "melhor do que ambos é aquele que ainda não nasceu, que não viu o mal que se faz debaixo do sol" (Ec 4:3).

Ainda assim, Deus sabia que Cristo sofreria antes que Ele nos criasse. Ele sabia como pensaríamos e o que faríamos, e que Seu Filho teria que sofrer uma morte miserável, humilhante, demorada e dolorosa em nosso lugar. Entregar sua vida por outra pessoa é um ato nobre, mas entregar seu filho por outra pessoa demandaria uma grande afeição. Mas sacrificar seu filho por alguém que te odeia é amor divino. É por isso que o amor de Deus ultrapassa todo conhecimento e compreensão.

Deus também sabia de antemão exatamente quem você seria. "Antes de formá-lo no ventre eu o escolhi" (Jr 1:5). Ele sabia quando e onde você nasceria, quem seriam seus pais, sua personalidade e constituição, suas forças e fraquezas, seu pecado e rebelião e até mesmo suas tribulações, perdas e desapontamentos.

Ele também sabia da dureza de seu coração e o que seria necessário para te humilhar ao arrependimento. Como está escrito: "Os teus olhos viram o meu embrião; todos os dias determinados para mim foram escritos no teu livro antes de qualquer deles existir" (Sl 139:16).

Assim como nosso Pai sabia que sofrimentos Seu Filho sofreria para conquistas a nossa redenção, da mesma forma Ele sabe o que devemos suportar para sermos salvos deste mundo caído. Jesus Cristo, "autor e consumador da nossa fé. Ele, pela alegria que lhe fora proposta, suportou a cruz, desprezando a vergonha, e assentou-se à direita do trono de Deus" (Hb 12:2).

Apesar de todo tormento e vergonha que Jesus sofreu, Ele as suportou pela recompensa que viria a seguir. Ele se submeteu à vontade Seu Pai, confiando que Ele faria com que todas as coisas, até mesmo as más, cooperassem para o bem. Também devemos juntar todas as nossas forças para suportar nosso presente sofrimento "por causa da esperança que lhes está reservada nos céus" (Cl 1:5).

Pelos primeiros 4000 anos Deus lamentou saber que Seu Filho estava destinado a morrer. Quanto tempo nós temos suportado o sofrimento em comparação? Podemos honestamente comparar nossa curta vida de desapontamentos ao eterno pesar de Deus? Durante os últimos 2000 anos, Deus está chamando Seus filhos ao lar através da morte de Seu amado Filho. Deus tem esperado sua vida inteira pelo seu arrependimento, portanto, sejamos também pacientes enquanto suportamos nossa presente tribulação.

# Digno de Amor

*"Nisto consiste o amor: não em que nós tenhamos amado a Deus, mas em que ele nos amou e enviou seu Filho como propiciação pelos nossos pecados."*

**1 João 4:10**

A redenção de Deus por meio da morte de Seu Filho, Jesus Cristo, revela três grandes verdades. Primeiro, mostra quão horrível é o pecado. O pecado é tão mal que Deus não podia declarar nossos pecados perdoados por um "assim diz o Senhor". Mesmo que Deus tenha formado os céus e a terra com uma palavra Ele não poderia perdoar nossos pecados dizendo: "Você está perdoado."

"Sem derramamento de sangue não há perdão" (Hb 9:22), pois a rebelião contra nosso criador exige punição. O pecado é um ato criminal, não apenas uma diferença moral ou disputa civil. É um crime contra a soberania de Deus. Perdão requer uma morte, por isso Cristo "foi oferecido em sacrifício uma única vez, para tirar os pecados de muitos" (Hb 9:28).

Segundo, a cruz mostra o quanto Deus nos ama. Quando considero como o precioso Cordeiro de Deus entregou Sua vida em meu lugar, como Ele sofreu insultos e ridículo, como Ele foi zombado com uma cruz de espinhos, como Ele deixou que cuspissem em Seu rosto, que batessem nEle, o flagelassem com chicotes, pregassem pregos em sua carne e o pendurassem para morrer sozinho, eu não consigo compreender o tamanho de Seu amor por mim. Tudo o que Cristo sofreu eu merecia.

"Contudo, foi da vontade do SENHOR esmagá-lo e fazê-lo sofrer" (Is 53:10). Que Deus realmente desejou que Seu amado Filho morresse realmente impressiona o quanto Ele me ama. Mesmo que eu fosse o único pecador no mundo, Deus ainda desejaria que Seu Filho sofresse pela minha reconciliação. Que outro Deus ama tanto assim? Que outro Deus entrega sua vida por seus inimigos? Não existe outro Deus assim.

E terceiro, nós amamos a Deus o tanto que reconhecemos nossa pecaminosidade. Quanto mais conhecemos nosso pecado, mais gratos somos por nosso perdão. "Aquele a quem pouco foi perdoado, pouco ama" (Lc 7:47). Portanto, se pensamos que não somos "tão maus assim" não amamos a Deus tanto assim em resposta. Contudo, se sabemos que fomos perdoados de uma dívida impagável amamos a Deus ainda mais. Assim, a compreensão do amor de Deus está em direta proporção de como percebemos nossa pecaminosidade.

A verdade é, contudo, que eu nunca amei a Deus como eu deveria. Eu reconheço Sua existência, mas eu nunca compreendi Seu amor. Eu me acovardei com medo de Sua ira, mas nunca compreendi Sua misericórdia. Eu não podia enxergar quão perverso eu tinha sido até enxergar quão gracioso Ele era.

Quando nós entendemos completamente Seu amor por nós, só podemos amá-lo de volta. Ao invés de evitar o pecado por medo da punição, fugimos da tentação para não machucar o terno coração do Pai. Nós não mais fazemos o que Ele ordena só porque devemos. Pelo contrário, nós desejamos fazer o que podemos para trazer glória a Ele.

Somente quando enxergamos Deus através da cruz que compreendemos a vileza de nosso pecado, Sua maravilhosa graça e nossa reciprocidade insuficiente. Nosso amor por Ele é tão imperfeito, mas devemos tentar amá-lo de volta com todo nosso coração, alma, mente e força.

Irmão e irmã, olhe para Jesus. Quando você O visualiza na cruz, você não vê o preço de Seu pecado? Você não pode ver o quanto Ele deve te amar? Você não deseja amá-lo de volta?

"Nós amamos porque ele nos amou primeiro" (1Jo 4:19). Ainda assim, só O amamos na medida em que cremos que Ele nos ama, e só apreciamos Seu amor na medida de nossa dívida. "Grande é o Senhor, e digno de todo louvor" (Sl 48:1).

# Não Roube a Deus

*"Por que se dá luz aos infelizes, e vida aos de alma amargurada, aos que anseiam pela morte e esta não vem, e a procuram mais do que a um tesouro oculto."*

**Jó 3:20-21**

Irrepreensível e íntegro, Jó desejava morrer. Ele se perguntava por que Deus permitia que ele continuasse a viver somente pra sofrer mais. Jó tinha perdido toda a sua riqueza e todos os seus filhos em único dia. Agora, ele foi afligido com dolorosos tumores da cabeça aos pés. Qual é o sentido de sua existência se esta será a sua conclusão?

Ninguém compreende completamente a agonia do desespero até que eles também encarem o abismo da morte e a desejem mais do que a vida. Ninguém compreende a dor da depressão até que eles também conheçam como ela aflige suas mentes e corpos. Ninguém conhece o terror dos inimigos até que eles tenham perseguidores ameaçando suas vidas.

Muitas vezes eu desejei a morte. Havia momentos em que eu estava tão entristecido pelos meus pecados que eu não poderia imaginar o perdão de Deus. Havia momentos em que eu pensava que a doença iria com certeza tirar minha vida. Havia momentos em que eu me deitava sangrando sem escapatória. Havia momentos em que eu não conseguia andar nem segurar uma caneta. Houve muitos momentos em que Deus destruiu todas as minhas esperanças e sonhos. Houve momentos em que meus irmãos cristãos me esqueceram. E agora é o tempo em que Deus tomou meus entes queridos e levantou meus próprios filhos contra mim. Agora, eu estou sentado sozinho com uma sentença de morte sobre minha cabeça.

Em muitas ocasiões desejei a morte. Cada aflição que eu sofri me fez questionar minha esperança eterna e cada dor me levou a duvidar do amor de Deus. Aqueles que nunca estiveram neste poço de desespero não têm consolo a oferecer. Suas palavras não têm sentido e nem mérito. Se eles somente segurarem suas línguas seria muito sábio da parte deles.

Eu quero falar com você, oh alma desesperada, você que deseja que já estivesse morto, você que diariamente contempla o suicídio e até mesmo sabe como executaria o ato. Porque eu sou como você. Eu estive lá e estou lá muitas vezes.

Querido irmão e irmã, você não está só. Considere o grande profeta Elias que fez muitos milagres, parou a chuva por três anos e trouxe uma criança de volta a vida. Até mesmo este supremo servo de Deus desejou a morte, implorou a Ele, "Já tive o bastante, Senhor. Tira a minha vida; não sou melhor do que os meus antepassados" (1Rs 19:4).

Considere o incrível Paulo que Deus usou para espalhar o cristianismo por todo o Império Romano. Este apóstolo trabalhou "mais do que todos eles" (1Co 15:10), ainda assim ele perdeu "a esperança da própria vida" (2Co 1:8). Então você acha que outros nunca se sentiram como você se sente? Você acha que por causa de sua insignificância sua morte não importaria? Você acredita que estes pensamentos provam sua inutilidade? Você está errado, meu amigo.

"Vocês foram comprados por alto preço" (1Co 6:20). E qual foi o preço de sua redenção eterna? Nada mais do que a morte do Filho unigênito de Deus. Se sua salvação eterna foi comprada a um preço tão alto, quão pouco custará para Ele para te livrar desta presente agonia? Se Deus é capaz de ressuscitar os mortos Ele também não pode te levantar acima dos problemas atuais?

"Aquele que não poupou seu próprio Filho, mas o entregou por todos nós, como não nos dará juntamente com ele, e de graça, todas as coisas?" (Rm 8:32) Que "coisas" você necessita desesperadamente agora? Então, peça a Deus por elas, e continue a pedir até que Ele te dê a resposta final, pois Ele "Responderá à oração dos desamparados; as suas súplicas não desprezará" (Sl 102:17).

Frequentemente caímos no desespero porque continuamente focamos em nosso sofrimento ao invés de focar em Deus. Todos os dias nossas mentes são consumidas pela nossa dor, nossas perdas ou nossos medos do futuro. Sabemos que não devemos pensar desta forma se realmente cremos em Deus, mas continuamos a fazê-lo.

Até mesmo os filhos de Corá lutaram para trazer sua atenção de volta para Deus, dizendo: "Por que você está assim tão triste, ó minha alma? Por que está assim tão perturbada dentro de mim? Ponha a sua esperança em Deus! Pois ainda o louvarei; ele é o meu Salvador e o meu Deus" (Sl 42:5). Nosso espírito sabe que deveríamos esperar em Deus, mas nossa natureza pecaminosa nos aprisiona em medo e desespero.

A guerra por nossa alma eterna é travada em nossas mentes. Paulo disse: "No íntimo do meu ser tenho prazer na Lei de Deus; mas vejo outra lei atuando nos membros do meu corpo, guerreando contra a lei da minha mente, tornando-me prisioneiro da lei do pecado que atua em meus membros" (Rm 7:22-23). Portanto, não se surpreenda quando os maus pensamentos atormentarem sua mente. Esta batalha acontece com cada crente, até mesmo com o grande São Paulo.

Você deve, então, avaliar cada ideia que entra em sua mente e perguntar a si mesmo: "Este pensamento vem de Deus ou de outro lugar?" Você acredita que estaria melhor morto? É Deus quem deseja você morto? Você acha que tirar sua própria vida é a melhor opção? Deus não tem planos melhores para sua vida? Você acha que não existe esperança para você? Deus não te oferece esperança? Só porque você acredita em alguma coisa não significa que seja verdade. Portanto, compare cada pensamento com o que Deus disse e "conhecerão a verdade, e a verdade os libertará" (Jo 8.32).

"Levamos cativo todo pensamento, para torná-lo obediente a Cristo" (2Co 10:5). Cristo diz: "Venham a mim, todos os que estão cansados e sobrecarregados, e eu lhes darei descanso" (Mt 11:28). Ele diz: "Até os cabelos da cabeça de vocês estão todos contados. Não tenham medo; vocês valem mais do que muitos pardais!" (Lc 12:7) Ele diz: "Quantas vezes eu quis reunir os seus filhos, como a galinha reúne os seus pintinhos debaixo das suas asas" (Mt 27:37).

Pedro, que viu nosso Senhor continuamente comovido com compaixão, nos encoraja: "Lancem sobre ele toda a sua ansiedade, porque ele tem cuidado de vocês" (1Pe 5:7). Dê a Deus a oportunidade de fazer com que todas as coisas cooperem para o bem. Não roube de Deus a chance de redimir sua vida. "Não sobreveio a vocês tentação que não fosse comum aos homens. E Deus é fiel; ele não permitirá que vocês sejam tentados além do que podem suportar. Mas, quando forem tentados, ele mesmo lhes providenciará um escape, para que o possam suportar" (1Co 10:13).

Pode parecer que você não consegue suportar sua presente dor, mas se você levar um dia de cada vez esses dias se tornarão em semanas, aquelas semanas em meses e aqueles meses em anos. Você olhará para trás e verá como Ele estava com você na fornalha, te salvou da cova dos leões e te libertou de seus opressores. Pois "Sabemos que Deus age em todas as coisas para o bem daqueles que o amam, dos que foram chamados de acordo com o seu propósito" (Rm 8.28).

Olhe para trás e veja como Deus sempre, sem falhar, libertou Seu povo. Algum crente que confiou nEle não foi salvo? Se não, então baseado em que você não confia nEle também? Pois "o Senhor sabe livrar os piedosos da provação e manter em castigo os ímpios para o dia do juízo" (2Pe 2:9). Não tome a saída mais fácil sem dar a Deus a oportunidade de realizar Seu plano para sua vida ou sua chance de alegria futura.

Tome um momento para cuidar de si mesmo. Muitas vezes nos afogamos no desespero porque negligenciamos a nós mesmos. Quando Elias pediu para morrer, Deus primeiro deu a ele comida e o fez descansar. Depois que seu corpo recuperou as forças, seu espirito renovou sua fé e sua mente retomou a perspectiva.

Entregue-se a oração. Assim que as dores voltarem ou os pensamentos perversos atacarem, caia de joelhos e converse com seu Pai até que Sua presença restaure sua paz. Isso pode levar mais tempo do que você espera, mas Seu conforto virá, pois, este tipo de demônio "só sai pela oração e pelo jejum" (Mc 9:29).

Passe o tempo livre que você tem na palavra de Deus. Examine a fidelidade de Deus ao longo da história. Leia quantas vezes Seu Filho foi movido com compaixão e cuidou dos abatidos e aflitos. Se relacione com os Salmos de outras almas atribuladas, ouça cânticos cristãos e leia de outros que lutaram antes de você.

Por último, procure um confidente espiritual para ouvir e suportar seu fardo. "Um homem sozinho pode ser vencido, mas dois conseguem defender-se. Um cordão de três dobras não se rompe com facilidade" (Ec 4:12). Ninguém sobrevive a aflição sozinho, e os atormentados por pensamentos suicidas já têm um inimigo formidável. "Portanto, fortaleçam as mãos enfraquecidas e os joelhos vacilantes. 'Façam caminhos retos para os seus pés', para que o manco não se desvie, antes, seja curado" (Hb 12.12-13).

Querido irmão e irmã, você não está sozinho. Sua vida custou o preço do amado Filho de Deus. O Pai te ama, e este mundo é abençoado por ter você, mesmo que você não consiga enxergar isso. Deus diz: "nunca o deixarei, nunca o abandonarei" (Js 1:5). E Seu Filho nos encoraja: "Não se perturbe o coração de vocês. Creiam em Deus; creiam também em mim" (Jo 14:1).

Seu Pai nos céus cuida de você mesmo se você não se importa consigo mesmo. Ele fará com que toda sua dor e miséria sejam para seu eterno bem. "Fiel é Deus, o qual os chamou à comunhão com seu Filho Jesus Cristo, nosso Senhor" (1Co 1.9). Que Sua misericórdia, graça, paz e amor habitem com você hoje e por toda a eternidade.

# Eternamente Seguro

*"E esta é a vontade daquele que me enviou: que eu não perca nenhum dos que ele me deu, mas os ressuscite no último dia."*

**João 6:39**

Jesus garantiu que aqueles a quem o Pai chama, Ele jamais os perderá. Posteriormente, Jesus vai ainda mais longe: "Eu lhes dou a vida eterna, e elas jamais perecerão; ninguém as poderá arrancar da minha mão" (Jo 10.28). É promessa de nosso salvador que seremos salvos não importa o que aconteça. Ninguém pode frustrar os planos de Deus.

Jesus também garantiu que "Todo aquele que o Pai me der virá a mim, e quem vier a mim eu jamais rejeitarei" (Jo 6:37). Deus, com seu incrível poder, faz com que desejemos a Cristo, e uma vez que estamos em Cristo nunca seremos rejeitados ou abandonados.

Sem a intervenção de Deus nenhum de nós iria desejar a Cristo, pois "não há ninguém que entenda, ninguém que busque a Deus" (Rm 3:11). Todos a quem Deus escolhe "não nasceram por descendência natural, nem pela vontade da carne nem pela vontade de algum homem, mas nasceram de Deus" (Jo 1:13). É decisão de Deus salvar, e nós, não importa o quanto cooperamos ou resistimos, não desfaremos o Seu plano.

Esta segurança eterna, que Cristo não rejeitará ou perderá qualquer um que venha a Ele, contudo, não define como Ele garante que isso acontecerá. Existe uma grande diferença entre o objetivo final e os meios pelos quais o objetivo é alcançado. O crente está livre da ira de Deus contra o pecado por meio da morte de Cristo, mas nosso Pai usa a disciplina para garantir nosso destino eterno.

Muitos de nós somos como mulas teimosas que tentam constantemente se livrar do jugo de Cristo. Por natureza, nos recusamos a negar a nós mesmos e a tomar a nossa cruz. Mesmo depois do novo nascimento, o pecado está trabalhando dentro de nós para nos levar de volta à escravidão (cf. Rm 7:23) e se não negarmos a nós mesmos diligentemente, buscaremos, por padrão, nossos próprios prazeres e conforto, posses e segurança, reputação e poder.

Mas Cristo, verdadeiro às suas promessas não nos perde, nos corrigirá quando recusarmos nossa cruz. Quando nos desviarmos de Sua vontade, Ele nos levará de volta para o caminho da justiça. "Deus faz dessas coisas ao homem, duas ou três vezes, para recuperar sua alma da cova, a fim de que refulja sobre ele a luz da vida" (Jó 33:29-30). Não importa quantas vezes Deus necessite nos afligir, Ele o fará para que não sejamos eternamente perdidos.

Podemos pensar que Deus é cruel em nos afligir, mas Ele o faz por amor. Nossos pais terrenos "nos disciplinavam por curto período, segundo lhes parecia melhor; mas Deus nos disciplina para o nosso bem, para que participemos da sua santidade" (Hb 12.10). Quando amadurecemos percebemos como os castigos de nosso pais foram para nosso benefício a longo prazo. Nosso Pai também nos castiga para nosso eterno bem.

"Nenhuma disciplina parece ser motivo de alegria no momento, mas sim de tristeza. Mais tarde, porém, produz fruto de justiça e paz para aqueles que por ela foram exercitados" (Hb 12.11). É nosso dever descobrir os cantos escuros que ainda habitam em nossos corações para que possamos aprender com a correção de Deus.

Podemos não apreciar a disciplina de Deus no presente, mas, como Cristo disse: "Você não compreende agora o que estou lhe fazendo; mais tarde, porém, entenderá" (Jo 13:7). Depois que nossa provação tenha terminado e as tempestades tenham passado, olharemos para trás e nos maravilharemos com a sabedoria de Deus e seu imensurável amor por nós.

Então todos nós afirmaremos: "Foi bom para mim ter sido castigado, para que aprendesse os teus decretos" (Sl 119:71). Descobriremos quais impurezas ainda existiam em nossos corações e reconheceremos que, "antes de ser castigado, eu andava desviado, mas agora obedeço à tua palavra" (Sl 119:67).

Por causa da fidelidade de Deus, Ele corrige e disciplina Seus filhos. Sua aflição é sólida evidência de que você é Seu filho. Os ímpios, que prosperam em sua perversidade, nunca são amados desta forma. Deus se esquece deles para serem rodeados por conforto e amigos. Ele permite que esses vasos feitos para destruição sejam felizes e livres de preocupações. Estes, cuja porção é apenas desta vida, Deus os deixa sozinhos e os entrega aos desejos de seus corações perversos.

"Sei, Senhor, que as tuas ordenanças são justas, e que por tua fidelidade me castigaste" (Sl 119:75). Uma razão pela qual você está sofrendo é porque Deus é fiel a Suas promessas, e Ele disciplina fielmente você porque Ele te ama.

"Suportem as dificuldades, recebendo-as como disciplina; Deus os trata como filhos. Ora, qual o filho que não é disciplinado por seu pai? Se vocês não são disciplinados, e a disciplina é para todos os filhos, então vocês não são filhos legítimos, mas sim ilegítimos" (Hb 12:7-8). Porque Deus te ama, Ele te trata como a um filho. Em fidelidade, Ele corrige para que no fim Cristo nunca te perca, mas te ressuscite no último dia.

# Amor no Deserto

*"Então Jesus foi levado pelo Espírito ao deserto, para ser tentado pelo Diabo."*

**Mateus 4:1**

Escondido em cada tentação está a questão do amor de Deus. Eva sucumbiu ao contestar o cuidado de Deus, e nós, seus filhos, continuamos a duvidar de Seu cuidado. Especialmente durante os períodos de dor, frequentemente nos perguntamos se Deus realmente nos ama. Pensamos que se Deus nos favorecesse Ele não nos afligiria de propósito ou permitiria nosso sofrimento.

Muitas vezes clamamos a nosso Pai para só nos amar. Sentimos que Ele virou seus rosto, fechou Seus ouvidos e colocou Sua pesada mão sobre nós. Conforme nosso sofrimento persiste e aumenta, começamos a duvidar se Ele realmente já nos amou de verdade.

Imediatamente após o elogio de Seu Pai: "Este é o meu Filho amado, em quem me agrado" (Mt 3:17), Jesus foi levado ao deserto. Lá Ele sofreria fome e constantes ataques do adversário. Por quarenta dias Ele ficou sozinho, o que sem dúvida Lhe deu a oportunidade de questionar o elogio anterior de Deus.

Nossa presente provação é um deserto cheio de sofrimento, e é fácil duvidar do favor de Deus por nós. Conforme aumenta nossa fome e sede, perdemos nosso conforto e somos atacados por inimigos de dentro e de fora, frequentemente nos perguntamos se nosso Pai ainda nos ama.

Esta prova no deserto é uma necessidade de cada discípulo. Assim como Israel foi forçado a peregrinar, nós também vagaremos por uma terra de dificuldades e dor. Mas "lembrem-se de como o SENHOR, o seu Deus, os conduziu por todo o caminho no deserto, durante estes quarenta anos, para humilhá-los e pô-los à prova, a fim de conhecer suas intenções, se iriam obedecer aos seus mandamentos ou não." (Dt 8:2)

É no deserto que Deus testa a resolução de nossa fé e nossa dependência nEle, mas esta provação não afeta o amor de Deus por nós. Assim como Jesus não foi menos amado pelo Pai quando foi testado, assim também nós não somos menos favorecidos por causa de nossa presente dificuldade.

Por toda a história o povo escolhido de Deus tem sofrido toda sorte de dificuldades. Daniel foi capturado e forçado a servir um rei estrangeiro. Davi foi perseguido por seus inimigos. José foi abandonado na prisão. Jó perdeu tudo, incluindo sua saúde. Ainda assim, Deus sempre os amou, mesmo durante suas aflições. Suas afeições por eles nunca mudaram, mesmo que eles não tenham sentido.

Podemos sentir que Deus removeu Seu favor durante nossa dolorosa peregrinação, mas devemos saber que nossa presente condição não define o amor de Deus por nós. Nossas circunstâncias não revelam a aprovação ou desaprovação de Deus.

Não deveríamos pensar que quando os tempos são bons Deus está satisfeito conosco, mas quando os tempos são maus Ele nos odeia. Deus pode amar uma pessoa desesperadamente uma pessoa mesmo quando sua condição é extremamente miserável, e Deus pode não se importar com outra pessoa quando sua situação é tremendamente abençoada.

Saul era rei de Israel e abençoado com muitas vitórias. Mesmo assim, Deus se esqueceu de Saul, removeu dele Seu Espírito, e deu o reino a outro. Enquanto isso Davi era o rei ungido e estava cheio do Espírito de Deus. Ainda assim, Davi perdeu seu lar e família, foi forçado a se esconder em cavernas e a viver com medo de ser morto todos os dias.

Embora Saul desfrutasse de tranquilidade e sucesso, Davi sofria dificuldades e perdas. De Saul, Deus diz: "Você rejeitou a palavra do SENHOR, e o SENHOR o rejeitou como rei de Israel!" (1Sm 15:26). Mas de Davi, Ele diz: "Encontrei Davi, filho de Jessé, homem segundo o meu coração; ele fará tudo o que for da minha vontade" (At 13:22).

Muitas das pessoas mais queridas de Deus sofrem incríveis dificuldades, ainda assim o coração de Deus continua permanentemente fixo neles. Jó foi elogiado por Deus. Davi era um homem segundo o coração de Deus. Daniel era altamente estimado. E Cristo era o Seu mais amado Filho.

No vale da sombra da morte é fácil questionar o favor de Deus, mas sua presente situação não define o amor de Deus por você. "'Porque sou eu que conheço os planos que tenho para vocês', diz o SENHOR, 'planos de fazê-los prosperar e não de lhes causar dano, planos de dar-lhes esperança e um futuro'" (Jr 29.11). Até mesmo Jeremias sofreu abuso por parte de seus irmãos e a devastação de sua nação, Deus ainda o amava e planejava abençoa-lo.

Deus te trouxe a esta tribulação "para humilhá-los e prová-los, a fim de que tudo fosse bem com vocês" (Dt 8:16). Não podemos enxergar isso agora, mas Deus fará com que tudo coopere para o bem. Este sofrimento é necessário para que o seu fim seja mais abençoado do que você possa imaginar. E saiba, com toda a certeza, que conforme você sofre Deus ainda te ama e sempre amará. Nada irá diminuir Suas afeições por você, mesmo que Ele te leve para o deserto.

"Porque Deus nos escolheu nele antes da criação do mundo, para sermos santos e irrepreensíveis em sua presença" (Ef 1:4). Se Ele te amou antes de você nascer, como Ele não te amaria agora? Deus te ama hoje tanto quanto Ele amava antes que você fosse salvo. Desconsidere o que seus olhos enxergam hoje e olhe com fé para o Deus eterno. Não importam as circunstâncias ou que mal venha sobre você, o amor e o plano de Deus por sua vida nunca serão anulados.

# Decretar e Declarar?

*"Se formos atirados na fornalha em chamas, o Deus a quem prestamos culto pode livrar-nos, e ele nos livrará das tuas mãos, ó rei. Mas, se ele não nos livrar, saiba, ó rei, que não prestaremos culto aos teus deuses nem adoraremos a imagem de ouro que mandaste erguer."*

**Daniel 3:17-18**

Muitas noites orei pelo livramento de Deus sem nenhuma resposta. Eu me perguntava se minha falta de fé era o motivo de Deus não ter me salvado. Eu sei que Deus pode salvar, mas será que Ele irá? Será que minha falta de confiança é o motivo pelo qual Ele não veio em meu auxílio?

Será que é porque eu não acredito na vitória que Ele a retém? Como as Escrituras afirmam: "Sem fé é impossível agradar a Deus, pois quem dele se aproxima precisa crer que ele existe e que recompensa aqueles que o buscam" (Hb 11:6). Será que eu devo estar completamente confiante na libertação de Deus antes que Ele me salve?

As muralhas de Jericó não caíram antes que Israel gritasse: "Vitória!" Pelo contrário: "Quando soaram as trombetas o povo gritou. Ao som das trombetas e do forte grito, o muro caiu. Cada um atacou do lugar onde estava, e tomaram a cidade" (Js 6:20). Eles gritaram vitória antes que as muralhas caíssem, não depois. E por sua confiante crença na vitória Deus derrubou as muralhas.

Ainda assim, eu sou um que se senta em silêncio, esperando para ver se Deus realmente me dará a salvação. Eu primeiro quero ver as muralhas caírem, e depois, gritarei vitória. Mas isso é que é fé? "Ora, a fé é a certeza daquilo que esperamos e a prova das coisas que não vemos" (Hb 11:1). A fé acredita confiantemente na vitória antes que se torne realidade.

O meu sofrimento está sendo estendido por causa de minha relutância em gritar vitória antes? Já que eu não "decreto e declaro" Deus não entra em ação? Será que eu devo estar absolutamente confiante de vencer esta provação antes que Deus me dê a libertação?

Definitivamente, Sadraque, Mesaque e Abede-Nego tinham profunda fé em Deus. Estes jovens se recusaram a se curvar diante do ídolo de Nabucodonosor e eles de bom grado aceitaram as consequências. Eles estavam confiantes na habilidade de Deus em salvá-los, mas eles não sabiam se era a vontade de Deus fazê-lo. Independentemente se Deus os salvaria ou não, eles permaneceram firme com fé. Eles não decretaram a salvação de Deus. Ao invés disso, eles entregaram suas vidas ao cuidado dEle e se submeteram à Sua decisão.

A diferença entre estes jovens e aqueles de Jericó é que Deus já tinha falado aos israelitas que Ele iria derrubar as muralhas de Jericó. Contudo, Deus não fez promessa semelhante a Sadraque, Mesaque e Abede-Nego. Estes três não renunciariam sua aliança com Deus Jeová. Quer eles fossem salvos ou não, o resultado não afetava sua confiança nEle.

Lembre-se, Cristo prometeu que "Neste mundo vocês terão aflições" (Jo 16:33). Ele advertiu que "todos odiarão vocês por minha causa" (Mt 10:22). Ele disse: "Se o mundo os odeia, tenham em mente que antes me odiou" (Jo 15:18). Ele também prometeu que "se me perseguiram, também perseguirão vocês" (Jo 15:20). Ele nunca prometeu saúde e riquezas ou que os efeitos da queda não mais afetariam seus discípulos.

Muito de nossa lentidão para entender por que Deus livra alguns e não a outros é porque temos a ideia preconcebida do que a libertação deveria ser. Acreditamos que a vitória seria a recuperação da doença, dinheiro para escapar da pobreza, proteção durante a provação e a morte de nossos inimigos. Mas isso pode não ser o que Deus considera como vitória.

Nossa definição de triunfo pode não servir ao plano eterno ou propósito de Deus. Até mesmo Paulo pensou que era melhor ser livre do sofrimento, mas Deus discordou dele dizendo: "Minha graça é suficiente para você, pois o meu poder se aperfeiçoa na fraqueza" (2Co 12:9). Paulo teve que se submeter à sabedoria de Deus, que aquilo que Deus estava fazendo era o melhor para ele e servia a seus propósitos eternos.

Assim, nós devemos ser cuidadosos para não julgar nossa fé (ou a fé de outros) de forma muito severa por não confiar na vitória sobre a aflição. Nós não sabemos o que Deus planeja fazer. Nós não conhecemos Sua vontade nesta circunstância em particular. "Sabemos que Deus age em todas as coisas para o bem daqueles que o amam, dos que foram chamados de acordo com o seu propósito" (Rm 8:28). Mas neste meio tempo devemos suportar juntos os sofrimentos como bons soldados de Cristo Jesus (cf. 2Tm 2:3). O que importa é nossa aliança com Deus e que não nos envergonhemos de Cristo e de Sua palavra.

Nunca devemos condenar os aflitos que não foram libertos conforme pensamos que eles deveriam ser. Com certeza, nem Estevão nem Tiago tinham falta de confiança em Deus, ainda assim, Deus permitiu que eles morressem nas mãos de homens pecadores. Pedro, contudo, foi liberto da execução de Herodes. Não foi porque Pedro tinha uma fé maior que Estevão e Tiago. Estes homens foram assassinados e Pedro foi liberto porque Deus tinha um propósito para a aflição de cada um. Alguns cristãos glorificam a Deus na morte; outros cristãos o glorificam na vida.

É prerrogativa de Deus nos salvar ou não, e Ele tem seus motivos. Seu eterno propósito direciona todos os eventos, até mesmo nosso sofrimento. Nossos desejos são secundários, e nossa definição de vitória pode estar errada. Ao invés de nos preocuparmos se Deus irá nos livrar ou não, devemos simplesmente confiar em Sua sabedoria. Nosso trabalho é sermos fiéis, portanto quer Ele nos salve ou não "não serviremos a seus deuses."

# Por que Deus permite o Sofrimento?

*"Assim conhecemos o amor que Deus tem por nós e confiamos nesse amor. Deus é amor. Todo aquele que permanece no amor permanece em Deus, e Deus nele."*

**1 João 4:16**

Por que Deus permite o sofrimento? Esta é a grande pergunta do povo de Deus. Também é a grande acusação contra Ele por parte do descrente, pois como pode um Deus bom com poder ilimitado permitir que Seu mundo esteja cheio de tantas atrocidades.

É fácil para o teólogo protegido postular razões para Deus permitir o mal. É muito mais difícil fazer sentido disso quando se é o objeto da aflição, pois preferiríamos muito mais estar livres da dor do que compreender por que estamos sofrendo.

"Deus é amor." O que isso significa, além de que todo pensamento, cada escolha e cada ação de Deus é uma consequência de seu amor, pois o amor é a própria essência de Sua natureza. Além do amor, Deus não é levado a pensar ou fazer qualquer coisa. Ele é amor. Isso é quem Ele é. Tudo o que emana de Deus vem do amor.

Deus é justo, mas Ele não é justiça. Deus é misericordioso, mas Ele não é misericórdia. Deus é poderoso, mas Ele não é poder. Deus é amor. Sua justiça, misericórdia e poder são efeitos de Seu amor, mas eles não são sua própria natureza.

Sem amor, Sua justiça, misericórdia e poder não encontram expressão. Elas são afetadas por causa do amor.

Deus é justo por causa de Seu amor. Deus é misericordioso porque Ele é amor. Deus exerce poder porque Seu amor exige. Assim, para compreender por que Deus demonstra ou não demonstra misericórdia, por que Ele executa ou não executa a justiça, por que Ele usa ou não usa Seu poder, devemos reconhecer que é porque Ele é amor. Todas as Suas decisões e ações são determinados por Seu amor.

Agora, isso necessariamente implica que Deus permite o sofrimento por causa de Seu amor. Quando testemunhamos toda a dor no mundo, ainda é por causa do amor. Quando questionamos nosso próprio sofrimento, Ele o permite por causa de Seu amor. De fato, Deus algumas vezes causa aflições diretamente porque Ele nos ama. Nós, com uma mente finita e carnal, não compreendemos por que Deus permite esse mal tão persistente se Ele é amor. E muitos consideram que isto é uma aparente contradição, como se fosse a realidade mais difícil de se aceitar.

Nossa falha em compreender esta verdade é devido ao fato de que nós não amamos como Deus ama. Pensamos que o amor preveniria todo sofrimento, não é mesmo? Argumentamos que a presença da dor necessariamente implica na ausência de amor. Acreditamos que permitir o sofrimento quando se tem o poder de pará-lo é mal, e um Deus que permite o mal não é um Deus de amor. Ainda assim, o que pensamos como sendo errado ou ilógico, na verdade, acreditamos ser certo e praticamos com nossos próprios filhos.

Deus é nosso Pai, e, como qualquer pai, Ele nos traz a este mundo com grande esperança. Antes que o homem tivesse feito qualquer coisa boa ou má, Ele desejava nos abençoar e andar em perfeita união conosco. Nós, pais, também desejamos o melhor para nossos filhos e fazemos todo o esforço para proteger, prover e direcioná-los. Deus nos amou como qualquer outro pai amoroso, mas recusamos Sua paternidade. Decidimos que Sua vontade, Seus caminhos e Sua direção eram errados. Abandonamos a direção de Deus e acreditamos que nossos desejos, nossos métodos e planos eram melhores. E ainda hoje nós fazemos o que pensamos ser o melhor para nós mesmos.

Como o filho pródigo, exigimos nossos direitos e privilégios. Recusamos o governo de nosso Pai e fugimos de Sua presença. Fazemos, então, o que quer que desejamos e descobrimos que nossa sabedoria é extremamente deficiente. Nos encontramos destituídos e vazios, batalhando por mero sustento enquanto ignoramos nossa terrível condição.

Nosso Pai, contudo, não nos impede de rejeitá-lO, nem nos previne de deixá-lo. Ele, em amor, nos permite descobrir a vaidade de nosso orgulho, a tolice de nossa sabedoria e a dor de nossos empreendimentos pecaminosos.

Nosso processo de rebelião causa terrível sofrimento. As pessoas se machucam, relacionamentos são destruídos e vidas são arruinadas. Cada escolha pecaminosa só leva a mais miséria, e nós eventualmente pensamos que é melhor ser um servo de Deus do que um rei no chiqueiro.

Quando voltamos à razão, retornamos quebrados a nosso Pai, falidos e envergonhados. Então, e somente então, Deus vem correndo e nos restaura como Seus filhos. Então, vemos Sua sabedoria, que ao nos permitir destruir nossa carne salvaria nossas almas no final.

Satanás anunciou a mentira da autoconfiança independente no Jardim, e seus efeitos se tornaram realidade quando nossos pais rejeitaram a direção de seu Pai. Daquele ponto em diante, o homem rejeitou Seu amor em troca de independência e um amor extraviado e deformado por si mesmo. Este orgulho se transformou em pecado e se tornou excessivamente pecaminoso. Consequentemente, o homem se extravia em bebedices, fornicação, inveja, contendas, roubos, fofocas, difamação, estupro, assassinato etc. (Se Deus não tivesse interferido através de Seu Filho para salvar o homem, a humanidade teria seguramente destruído a si mesma).

A pergunta que permanece é: Por que Deus continua a permitir esta rebelião e seus malefícios a tais extremos? Por que Ele não coloca um limite à perversidade do homem para prevenir esse sofrimento tão agudo? Deus o faz de certo modo. Ele periodicamente executa julgamentos como Ele fez com o dilúvio, com Sodoma e Gomorra, e quando Ele atrasou a entrada de Israel em Canaã porque "porque a maldade dos amorreus ainda não atingiu a medida completa" (Gn 15:16).

Conforme as pessoas pecam, elas preenchem o cálice da ira de Deus, e quando aquele cálice estiver cheio Deus os forçará a tomar daquele cálice (cf. Sl 75:8; Is 51:17,22; Jr 25.15; Mc 14:36; Ap 14:10; 16:19). Se uma nação continua em sua perversão, Deus eventualmente a remove da terra. Contudo, nesse meio tempo, Deus permite ao homem a liberdade para exercer alguma independência. Ele permite a todos nós escolher entre o bem e o mal, e nós, dessa forma, vemos os resultados de nossas escolhas.

É errado, então, que Deus nos permite, e a toda a humanidade, persistir no mal? Absolutamente não, pois sem esta permissão nunca conheceríamos o engano de nosso próprio orgulho. Sem licença não perceberíamos a vileza do pecado. Não veríamos a estupidez de nossa própria sabedoria. Não despertaríamos de nossa própria insanidade. Sem a permissão do mal, iríamos alegremente ao longo da estrada que leva à destruição eterna.

Sejamos honestos. Se nossas escolhas erradas nunca causassem dor, será que nos arrependeríamos? Será que voltaríamos à razão? Um alcoólatra pararia de beber se não houvesse consequências negativas? O promíscuo iria parar de fornicar se não houvesse repercussões? O rico veria a vaidade da riqueza se as posses realmente trouxessem felicidade? O orgulhoso se tornaria humilde se ele não caísse? Alguém em perfeita saúde esperaria por um corpo incorruptível? Algum de nós desejaria um novo Céu e uma nova terra se este mundo fosse ou pudesse ser perfeito?

Os ateus nos acusam, cristãos, de desertar de nosso dever para melhorar o mundo ao esperar na ressurreição. Mas que soluções os ímpios oferecem? Por quantos milênios o homem deve inventar novas respostas para provar que não tem nenhuma? Que grandes despertamentos, governos, ou leis que eles recomendam irá concertar este mundo? Eles não têm e nunca tiveram uma solução porque a doença vive dentro deles. Enquanto o homem determinar seu próprio rumo, é certo que será pavimentado com sofrimento e terminará em fracasso.

Mas Deus é amor. "Porque Deus nos escolheu nele antes da criação do mundo, para sermos santos e irrepreensíveis em sua presença. Em amor nos predestinou para sermos adotados como filhos, por meio de Jesus Cristo, conforme o bom propósito da sua vontade" (Ef 1:4-5). Deus nos criou e adotou os filhos pródigos porque isso O deixa feliz. Desde a eternidade nosso Pai sabia que nos rebelaríamos, portanto, desde a eternidade Deus planejou nos reconciliar consigo mesmo. O que arruinamos com nossas escolhas, Deus escolheu reparar por si mesmo.

Por meio de Cristo Jesus, Deus nos salva de nós mesmos e deste mundo caído, doloroso e encharcado de pecado. "Nele temos a redenção por meio de seu sangue, o perdão dos pecados, de acordo com as riquezas da graça de Deus" (Ef 1:7). A graça inexplicável de Deus, por causa de Seu amor, O levou a oferecer perdão a todos por meio da fé em Jesus Cristo. "Porque Deus tanto amou o mundo que deu o seu Filho Unigênito, para que todo o que nele crer não pereça, mas tenha a vida eterna (Jo 3:16).

Jesus Cristo "tendo despojado os poderes e as autoridades, fez deles um espetáculo público, triunfando sobre eles na cruz" (Cl 2:15). Todos os argumentos contrários aos caminhos de Deus se mostraram verdadeiramente maus pela morte do Filho de Deus. A mentira de Satanás de independência individual só provou que leva a uma perversidade aumentada, sofrimento e ao assassinato do inocente Cordeiro de Deus.

O homem também mostrou que, na verdade, ele odiava a Deus ao crucificar Seu Filho. Ainda assim, Deus, por meio da cruz, demonstrou Seu amor e expôs a verdadeira natureza do mal e a perversidade da humanidade. Pela cruz, Deus derrotou o adversário, puniu a transgressão, satisfez a justiça, justificou o pecador e conquistou o pecado e a morte.

"Todavia, Deus, que é rico em misericórdia, pelo grande amor com que nos amou, deu-nos vida com Cristo, quando ainda estávamos mortos em transgressões — pela graça vocês são salvos" (Ef 2:4-5). Deus, movido pelo amor, permitiu que Seu Filho fosse afligido para salvar os indignos, objetos não merecedores de Sua justa ira. Cristo sofreu por nossa causa, por causa de nosso ódio intencional por Deus. Da mesma forma sofremos hoje por causa do pecado e de seus efeitos, por causa de nós mesmos, e de nossas próprias escolhas rebeldes. Sempre existirá dor e sofrimento neste mundo enquanto o pecado existir, e onde o pecado existe? Ele mora em nossa carne (cf. Rm 7:17-18). Nós experimentamos a dor quando violamos a justa lei de Deus. Nós sofremos porque outros também escolhem desobedecer. Ficamos doentes, contraímos doenças e somos afligidos por desastres porque este mundo é amaldiçoado e afundado em corrupção (cf. Gn 3:17; Rm 8:20-21). Eventualmente morremos como consequência de nossa rebelião (cf. Gn 3:19).

A parte difícil é enxergar a mão amorosa de Deus no meio de toda a perversidade. Conforme o pecado se espalha neste mundo e conforme ele nos impacta negativamente, devemos perceber como toda essa dor e sofrimento pode valer a pena. Deus permite o pecado e a rebelião para que possamos, por meio da realidade da dor e frustração, nos arrepender de nosso mal e desejar a Ele Sua vontade.

Deus é amor, portanto Ele não nos forçará a retornar Seu amor. O amor não obriga o outra a amá-lo. Deus, sendo amor, deve permitir a Suas criaturas a escolha de amá-lO ou rejeitá-lO. E na mesma medida em que Deus nos permite amá-lo, Ele nos permite odiá-lO.

Assim como nos é permitido escolher o mal, também nos é permitido escolher o bem. Em cada pensamento, decisão e ação escolhemos o bem ou escolhemos o mal. A quantidade de nossa liberdade e influência determina a quantidade de bem ou mal que podemos realizar. Aqueles que podem fazer mais bem no mundo também são os mesmos que podem fazer mais mal. Assim, quanto mais bem, mais prazer; quanto mais mal, mais dor.

Portanto, conforme enxergamos toda a perversidade no mundo devemos reconhecer quanto Deus nos ama. Deus estima tanto o homem e deseja tanto nosso amor que Ele nos dá liberdade para amá-lO ou para odiá-lO. "Considero que os nossos sofrimentos atuais não podem ser comparados com a glória que em nós será revelada" (Rm 8:18).

Quando estamos famintos em um chiqueiro não podemos ver a mão amorosa de Deus, mas Seus pensamentos estão sempre sobre nós. Toda dor, sofrimento e perdas atuais valem a pena pela alegria, prazeres e ganhos eternos que desfrutaremos na presença de nosso Pai.

Deus pacientemente suporta a perversidade do homem com todo o sofrimento decorrente com a esperança de que todos nós, eventualmente, escolheremos amá-lO. "O Senhor não demora em cumprir a sua promessa, como julgam alguns. Ao contrário, ele é paciente com vocês, não querendo que ninguém pereça, mas que todos cheguem ao arrependimento" (2Pe 3:9).

Deus está esperando que Seus filhos retornem a Ele, e até que o último esteja seguro em Seus braços devemos também pacientemente esperar pelo retorno de nosso Senhor e pela restauração de todas as coisas. Portanto, por que Deus permite o sofrimento, por que Ele permite o mal, por que Ele dá ao homem a licença para escolher a perversidade? Porque Deus é amor.

# Adeus

*"Por dois anos inteiros Paulo permaneceu na casa que havia alugado, e recebia a todos os que iam vê-lo. Pregava o Reino de Deus e ensinava a respeito do Senhor Jesus Cristo, abertamente e sem impedimento algum."*

**Atos 28:30-31**

Nós sempre queremos saber o que aconteceu com o Apóstolo Paulo. Ele foi executado depois de dois anos ou foi liberto para continuar a pregar o evangelho? Parece estranho que as Santas Escrituras terminem de contar a história de forma tão abrupta.

Mas, na realidade, o que aconteceu depois realmente não importa. Se Paulo foi executado ou solto, ele havia cumprido seu propósito terreno. Enquanto aguardava a decisão de César, Paulo perseverou na fé e continuou a trabalhar. Se ele viveu, foi para Cristo, e se ele morreu, foi para estar com Cristo.

No momento em que você estiver lendo isso eu posso estar vivendo na prisão ou eu posso ter sido absolvido de uma falsa testemunha. De qualquer forma, não importa, pois meu trabalho é ser fiel no que quer que Deus tenha me chamado. Através de toda dúvida, desespero, perda, tristeza e preocupação, minha esperança é que você veja que você nunca está sozinho em sua batalha.

Nossas provações e tentações não nos definem. Nossas tristezas e perdas não afetam nossa posição em Cristo. Nossas dores e aflições não negam o amor de Deus por nós. Estas servem apenas para nos purificar, nos moldar e nos preparar para coisas melhores seja nessa vida ou na vida que virá.

"Sabemos que Deus age em todas as coisas para o bem daqueles que o amam, dos que foram chamados de acordo com o seu propósito" (Rm 8:28). Esta promessa é a âncora de nossa alma e o suporte de nossa fé. Apesar das preocupações, medos e dúvidas, nós fielmente confiamos nossas vidas àquele que pode e faz com que todas as coisas, até mesmo o mal, sejam para nosso eterno ganho.

Esta promessa não significa que seremos livres das aflições nesta vida. Nós podemos ainda sofrer com doenças, fome, sede, pobreza, difamação, ódio, aprisionamento, ou até mesmo a morte, mas Deus usará toda essa dor para nosso consolo eterno.

Depois que esta vida terrena acabar e Deus restaurar todas as coisas, olharemos para trás, para todas as nossas dificuldades e veremos como nossos problemas se encaixaram perfeitamente no plano e propósito eterno de Deus. "Naquele dia vocês não me perguntarão mais nada" (Jo 16:23). Pois a sabedoria de Deus será manifestada a nós e dentro de nós.

Portanto, eu te deixo com esta oração final...

"Oro para que, com as suas gloriosas riquezas, ele os fortaleça no íntimo do seu ser com poder, por meio do seu Espírito, para que Cristo habite no coração de vocês mediante a fé; e oro para que, estando arraigados e alicerçados em amor, vocês possam, juntamente com todos os santos, compreender a largura, o comprimento, a altura e a profundidade, e conhecer o amor de Cristo que excede todo conhecimento, para que vocês sejam cheios de toda a plenitude de Deus. Àquele que é capaz de fazer infinitamente mais do que tudo o que pedimos ou pensamos, de acordo com o seu poder que atua em nós, a ele seja a glória na igreja e em Cristo Jesus, por todas as gerações, para todo o sempre! Amém!" (Ef 3:16-21)

www.ingramcontent.com/pod-product-compliance
Lightning Source LLC
Chambersburg PA
CBHW031620040426
42452CB00007B/596